MONTMARTRE

ET

CLIGNANCOURT

ÉTUDES HISTORIQUES.

PARIS. — IMPRIMERIE DE W. REMQUET, GOUPY ET Cie,
rue Garancière, n° 5.

MONTMARTRE

ET

CLIGNANCOURT

ÉTUDES HISTORIQUES,

PAR

M. LÉON-MICHEL DE TRÉTAIGNE,

MEMBRE DE LA SOCIÉTÉ ORIENTALE DE FRANCE, ETC.

PARIS

BENJAMIN DUPRAT

LIBRAIRE DE L'INSTITUT, DE LA BIBLIOTHÈQUE IMPÉRIALE ET DU SÉNAT

Rue du Cloître-Saint-Benoît (rue Fontanes), 7

PRÈS LE MUSÉE DE CLUNY

1862

AVERTISSEMENT.

Un auteur doit toujours faire connaître au lecteur les motifs qui l'ont porté à écrire. Conformément à cet usage, nous dirons qu'en publiant un travail sur Montmartre et Clignancourt, notre intention a été de retracer les diverses phases par lesquelles a passé successivement cette ancienne localité, depuis les temps les plus reculés jusqu'à nos jours.

A son berceau Montmartre apparaît humble et modeste paroisse féodale, puis devenue le siége d'une puissante abbaye, on voit avec le temps cette communauté [1] grandir, sa richesse se développer, sa population augmenter dans des proportions considérables et une prospérité toujours croissante lui donner une place importante parmi les communes de la banlieue.

Maintenant l'heure finale de son existence a sonné. Sa vie propre est unie à celle de la capitale, et Montmartre n'est plus aujourd'hui qu'un souvenir et un passé qui appartient à l'histoire.

Pour ces *études historiques*, nous avons fait de minutieuses recherches dans toutes les bibliothèques. Nous avons consulté Frédégaire, Abbon, Hilduin, Frodoart, Doublet, Malingre, Dubois, Félibien, Guillebert de Metz, Du Breul, Sauval, l'abbé Lebeuf, Jaillot, Piganiol de la Force, Germain Brice et beaucoup d'autres auteurs anciens et

---

[1] Avant 1789, on désignait sous le nom de *Communauté d'habitants* toute réunion de personnes demeurant dans la même localité.

modernes. Les Archives centrales de l'empire et celles de l'Hôtel-de-Ville nous ont aussi fourni beaucoup de renseignements. Nous avons encore eu recours aux *Registres* de l'église Saint-Pierre de Montmartre, des chapelles Notre-Dame de Lorette, et Sainte-Anne, et à ceux de l'abbaye. Grâce à ces nombreux matériaux, dont la plupart sont inédits, il nous a été permis de reproduire des faits et des particularités concernant Montmartre et Clignancourt, qui jusqu'à présent étaient restés ignorés.

Dans le cours de ce livre, nous n'avons pas cru devoir parler de la transformation que Montmartre a subie depuis son annexion à Paris.

Nous n'avons pas non plus fait mention des améliorations de toute espèce qui ont eu lieu dans le dix-huitième arrondissement, ainsi que des embellissements que se propose d'y effectuer notre premier magistrat, qui seconde avec tant d'habileté les projets grandioses de l'Empereur, dont le Paris moderne excite l'admiration du monde entier.

Il nous a semblé que ce serait s'écarter de notre sujet, qui ne concerne que la *commune de Montmartre*.

Le but de cet ouvrage aura-t-il été atteint ? nos recherches, nos efforts, nos labeurs auront-ils produit un résultat utile ?

Le public décidera.

1er septembre 1862.

MONTMARTRE

ET

CLIGNANCOURT.

CHAPITRE PREMIER.

Étymologie du nom de Montmartre. — *Mons Mercurii, Mons Martis, Mons Martyrum.* — Antiquités romaines. — Temples païens. — Maison des bains, statues, etc.

La véritable origine du nom de Montmartre est encore incertaine. Frédégaire, l'un de nos plus anciens historiens, appelle ce lieu *Mons Mercori*, ce qui n'est qu'une altération du nom de *Mercurii*[1]. Le moine Abbon, dans son poëme

[1] *Fredegarii chronicum* capitulum LV. *Recueil des historiens des Gaules et de la France*, par dom Martin Bouquet; Paris, 1739, t. II, p. 435.

latin sur le siége de Paris par les Normands, composé entre les années 896 et 898, donne à cette éminence le nom de *Mons Martis* [1]. On trouve dans quelques manuscrits de Frédégaire : *Mons Mercoris, Mons Mercomire, Mons Mercurii, Mons Cori*. Cette dissemblance dans les textes doit avoir été le résultat d'erreurs faites par les copistes ; mais le mot *corus*, par lequel Abbon désigne le vent du nord-ouest ou les vents en général [2], a induit dom Duplessis à émettre l'opinion que, primitivement, la butte Montmartre était aussi appelée Montagne du nord-ouest [3]. Hilduin a désigné ce lieu par les dénominations de *Mons Mercurii* et *Mons Martyrum* [4]; ce dernier nom, qu'on lit dans une charte

---

[1] Voy. dans les *Nouvelles Annales de Paris*, par dom Duplessis (Paris, 1753, in-4°), le poëme d'Abbon, livre II, vers 196, 326 et 334.

[2] Livre II, v. 315.

[3] *Nouvelles Annales de Paris*, p. 12 et 23.

[4] *Areopagitica*. Coloniæ, 1563, au V° de la p. 122 : « In colle qui antea Mons Mercurii, quoniam inibi idolum ipsius principaliter colebatur a Gallis : nunc vero Mons Martyrum vocatur,

de Dagobert signée à Clichy, se voit aussi sur la charte de fondation de l'abbaye. Nous retrouvons encore *Mons Martyrum* en 1147 dans la bulle du pape Eugène III en faveur du nouveau couvent [1]. Sous Louis XIV les actes authentiques portaient: Montmartre ou Mont des Martyrs.

Selon Sauval [2], le vrai nom serait *Mons Martis*, devenu en français *Montmarte*, auquel, plus tard, on aurait ajouté un *r*, ce qui aurait fait Montmartre.

Comme il est bien difficile, pour ne pas dire impossible, de déterminer d'une manière positive, quelle a été primitivement la véritable désignation, s'il nous est permis d'émettre une

---

sanctorum Domini gratia, qui ibidem triumphale martyrium perpetrarunt. »

[1] *Histoire de la ville de Paris*, par dom Michel Félibien, revue, augmentée et mise au jour par dom Guy Alexis Lobineau. Paris, 1725, t. III (1er des *Preuves et pièces justificatives*), p. 62. — *Histoire de Clichy-la-Garenne*, par M. l'abbé Lecanu. Paris, 1848, p. 64.

[2] *Histoire et recherches des antiquités de Paris*. Paris, 1724; in-folio, t. I, p. 349.

opinion à cet égard, nous adopterons celle qui a été formulée par le *Dictionnaire de tous les environs de Paris* [1], car elle nous paraît la plus probable. L'auteur de cet ouvrage pense que Montmartre aurait porté successivement trois noms : *Mons Martis*, *Mons Mercurii* et *Mons Martyrum;* un temple, dédié à Mars en cet endroit, lui aurait donné le nom de *Mons Martis;* lorsque cet édifice fut tombé en ruines, un autre monument consacré à Mercure et élevé sur cette montagne, l'aurait fait surnommer *Mons Mercurii;* et, après la mort de saint Denis décapité dans ce lieu, selon la tradition, et la construction en son honneur de la chapelle du martyre, les chrétiens l'auraient appelé *Mons Martyrum* [2]. Ces diverses dénominations ayant

---

[1] *Dictionnaire historique, topographique et militaire de tous les environs de Paris*, par M. St-A... Paris, chez C.-L.-F. Panckoucke, p. 431 et 432.

[2] Voir *Historia Ecclesiæ Parisiensis*, par Dubois. Paris, 1710, t. II, p. 46, et la *Description de la ville de Paris au XVe siècle*, par Guillebert de Metz, publiée pour la première fois d'après le manuscrit unique, par M. Leroux de Lincy. Paris, 1854, p. 29.

existé à des époques très-rapprochées l'une de l'autre, l'usage serait resté, pendant longtemps, de les employer indistinctement ; puis, lorsque le culte du vrai Dieu eut prévalu, le nom de *Mons Martyrum*, dont on a fait Montmartre, fut le seul conservé.

On a découvert à Montmartre peu d'objets antiques et curieux. M. de Caylus nous dit avoir acheté un vase haut d'un pied cinq pouces neuf lignes, et large de neuf pouces quatre lignes, sur lequel était collé un papier avec ces mots : *Vase trouvé auprès de la fontaine de Mercure à Montmartre.* Cet objet avait appartenu à un M. Vivant, mort fort âgé, plus de vingt-cinq années auparavant. La forme commune et le travail grossier de ce vase indiquaient que, sous la domination romaine, il ne pouvait avoir servi qu'à contenir du vin, de l'huile ou un autre liquide à l'usage domestique [1].

---

[1] *Recueil d'antiquités*, par M. de Caylus. Paris, 1759, t. III, p. 388.

En 1737 on retrouva dans les terrains du versant nord de Montmartre, non loin de la fontaine du But, les restes d'une ancienne construction. Cette découverte produisit une sensation extraordinaire, la rumeur publique ne se refusa à aucune exagération, quelle que fût sa ridicule extravagance. Aussitôt le bruit se répandit dans Paris, que l'on avait trouvé de vastes souterrains renfermant des statues de bronze, hautes de cinq pieds quatre pouces, dont l'une représentait Osiris et l'autre Isis ; plusieurs médailles à l'effigie de cette déesse ; des pièces d'or de la grandeur de nos anciens liards ; un grand temple de forme ronde soutenu par dix-huit arcades de marbre, au milieu duquel on voyait un autel d'argent ; des caveaux, des cabinets pavés en mosaïque, des grillages, des coffres de fer, etc. Tout le monde parlait de ces prétendus trésors ; les gazettes de Hollande même en retentirent. Par l'ordre de la Cour des Monnaies, et de concert avec la justice de l'abbaye du lieu, on fit une descente dans ces soi-disant souterrains, dont on racontait tant de merveilles, et on ne rencontra, comme cela arrive presque toujours, aucune des choses précieuses que l'on avait si bruyamment annoncées[1].

Plusieurs auteurs ont mentionné les recherches qui furent faites à cette occasion ainsi que leur résultat. Nous croyons inutile de répéter ici ce qu'a dit chacun d'eux; l'abbé Lebeuf, auteur de *la Banlieue ecclésiastique*, qui s'était assuré par lui-même de la vérité, a traité ce sujet avec tant de détails précis, accompagnés de réflexions si judicieuses, que nous pensons ne pouvoir mieux faire que de résumer ce que le savant abbé nous apprend à cet égard.

Après avoir considéré attentivement les ruines dont il est question, le chanoine d'Auxerre y reconnut les restes d'une ancienne maison, dont

---

[1] *Dictionnaire historique de la ville de Paris et de ses environs*, par MM. Hurtaut et Magny, 1779, t. III, p. 577; et *Lettre écrite par M. Lebeuf, chanoine d'Auxerre, à M. Fenel, chanoine de Sens, au sujet d'une antiquité reconnue depuis peu à Montmartre, proche Paris*. Paris, 20 janvier 1738. (*Mercure de France*, janvier 1738, p. 47-53.)

la partie méridionale était recouverte par une pièce de vignes ; on voyait en cet endroit des blocs de pierre et de ciment très-intimement joints ensemble, mais à moitié renversés et qui semblaient provenir de murailles romaines ; on y retrouvait les trois rangs de briques que le grand peuple employait de distance en distance aux IIIe et IVe siècles, pour lier les murs plus étroitement.

Quelques-uns crurent que ces soi-disant restes de constructions romaines n'étaient tout simplement que des fragments de rocher. Mais la constitution géologique de Montmartre, comme l'abbé Lebeuf le fait remarquer avec raison, ne se prête nullement à cette supposition.

Lorsque, grâce à des fouilles bien dirigées, toute la partie méridionale de cet ancien édifice eut été mise à découvert, les murailles ressemblaient par leur travail aux murs de clôture des anciennes cités romaines, dont on retrouve encore des traces dans certaines provinces de la France. Ce bâtiment formait un carré long, divisé intérieurement en plusieurs parties. On retrouva dans les décombres quelques fragments de marbre sur lesquels on voyait des lettres séparées ; il était impossible de leur rattacher un sens. L'abbé Lebeuf dit avoir vu chez l'abbesse de Montmartre (alors Madame de La Rochefoucauld), un grand morceau d'albâtre provenant de ces fouilles, sur lequel on lisait encore ces quatre ou cinq lettres en beaux caractères romains ELLAN, ainsi qu'un autre fragment de marbre blanc, avec cette inscription VMAV LEVTHACI; d'après le savant antiquaire, ces deux derniers mots devaient signifier : *Leutetia civitas.*

L'abbé Lebeuf croit que cette construction avait servi pour les bains d'une maison de campagne, appartenant à quelque riche Romain du IIIe siècle. Il fondait son opinion sur la proximité de la fontaine du But, qui se trouvait placée dans la partie supérieure de la montagne, et dont les eaux étaient amenées là par un conduit. L'existence de débris de tuyaux en plomb dans le mur du côté du midi, donnait quelque vraisemblance à cette supposition. Selon le même écrivain, les deux chambres carrées, situées à l'est de l'édifice où se trouvaient les restes d'anciens fourneaux, étaient employées pour les bains; et les deux cabinets de la partie nord semblaient avoir été réservés, l'un à se déshabiller, et l'autre à se frotter d'essences; on y apercevait des siéges de pierre en demi-cercle, sur lesquels on se reposait sans doute au sortir du bain. Dans le centre du bâtiment, il y avait deux grandes chambres, et vers l'extrémité orientale on trouvait une salle encore plus vaste, qui avait une étendue égale à celle du pavillon occidental, sous lequel étaient les chambres à fourneaux et les cabinets dont on a parlé plus haut. Si, comme nous devons le croire, tous ces détails sont exacts, Montmartre aurait donc eu aussi, quoique sur de moindres proportions, son *palais des Thermes.*

L'abbé Lebeuf pensa avec raison, selon nous, que ces ruines avaient appartenu à la maison dont Frodoart, chanoine de Reims, nous raconte la destruction, occasionnée par un ouragan, en 944, et qu'il appelle *domus antiquissima*[1]. Le bâtiment, que l'écrivain ecclésiastique considérait comme très-ancien de son temps, pouvait alors avoir sept cents ans, et comme il composait sa chronique environ huit siècles avant l'abbé Lebeuf, ce dernier croit pouvoir en conclure que la construction de cette maison remontait à quinze siècles[2]. Par suite des fouilles entreprises sur cet emplacement, en 1838, on découvrit alors des traces de fondations de murailles, ainsi que de nombreux débris de tuiles à rebord, dont on se servait à l'époque gallo-romaine pour couvrir les habitations; on retrouva aussi des morceaux de ces tuiles creuses, qui recouvraient les joints des tuiles

---

[1] *Chronique* de Frodoart.

[2] L'abbé Lebeuf, *Lettre citée du 20 janvier 1738*; *Histoire de la banlieue ecclésiastique de Paris*, t. III, p. 96, 97 et 119, et *Mémoire sur l'ancien édifice découvert à Montmartre, à la fin de l'année 1737* dans les *Dissertations sur l'histoire ecclésiastique et civile de Paris*, Paris, 1739, t. I, p. 140-162.

plates et préservaient ainsi les toitures de la pénétration des eaux. Cette dernière découverte est une preuve évidente qu'à une époque très-reculée, des constructions ont dû exister à cette place; on retira encore du même endroit des fragments de poterie, des restes de tuyaux, et une très-grande quantité de briques, de carreaux, etc. [1]. Ces ruines romaines dont on apercevait encore quelques vestiges, il y a peu d'années, se trouvaient, à droite, en descendant la rue de la fontaine du But.

M. de Caylus, dans le tome IIIe de ses *Antiquités* [2], donne un plan général des différentes hauteurs des buttes Montmartre où la situation de ces ruines anciennes est indiquée.

On voit aujourd'hui à la Bibliothèque impériale (département des médailles et antiques)

---

[1] *Mémoires sur les antiquités romaines et gallo-romaines*, par M. Jollois, dans les *Mémoires présentés par divers savants à l'Acad. roy. des Inscriptions et Belles-lettres de l'Institut de France.* 2e série, *Antiquités de la France*, Paris, 1843, t. I, p. 144 et suiv.

[2] P. 386, planche CVI.

une tête de bronze qui faisait partie des collections Caylus, et qui provenait des fouilles pratiquées en 1737. Elle avait été vendue pour le prix de 12 livres à M. Génévrier, médecin de la Faculté de Paris, par un ouvrier employé à ces travaux. Cette tête passa du cabinet de M. Génévrier dans celui de M. Laisné ; puis elle devint la propriété de M. de Caylus. Ce célèbre antiquaire croyait, d'après les indications du catalogue manuscrit de M. Génévrier, que c'était le portrait du consul romain C. Cœlius Caldus [1] ; mais M. A. Duchalais, dans un mémoire que l'on trouve parmi le Recueil des antiquaires de France [2], prouve, avec raison, que ce bronze représente le triumvir Lépide. Cette pièce est un des morceaux les plus remarquables que possède en ce genre la collection française d'iconographie romaine.

[1] *Antiquités*, t. III, p. 394 et 395.
[2] *Note sur une tête de bronze antique attribuée à Cœlius Caldus, et restituée à Lépide, par M. A. Duchalais, lue à la séance du 28 février 1851. Extrait du XXIe volume des « Mémoires de la Société des antiquaires de France. »*

Plusieurs découvertes furent encore faites, à différentes reprises, vers le bas de la partie méridionale et occidentale de la butte. Une fois en creusant un puits, on a trouvé à trente-deux pieds de profondeur deux fragments de bas-reliefs en marbre blanc, représentant des enfants ailés occupés à diriger un char [1]. Une autre fois on trouva encore dans les terrains de Montmartre un petit buste dont on voit la description, ainsi que le dessin, dans l'ouvrage *De la Religion des Gaulois* par dom Martin [2], d'où il est permis de supposer que Montmartre était déjà habité dès les premiers siècles de notre ère.

Enfin dans le courant du mois d'octobre 1858, il a été découvert à une grande profondeur, dans la propriété de M. Trotignon, située au nord-ouest de la butte, une petite statuette de bronze, haute de vingt centimètres environ, remarquable par son état de conservation, et repré-

---

[1] M. de Caylus, t. III, p. 396, pl. CIX.
[2] *Histoire de Paris*, par Dulaure, 1821 ; in-8°, t. I, p. 75.

sentant un guerrier gaulois appuyé sur son épée, et dont le front est ceint d'une couronne.

La plupart des auteurs qui ont écrit sur Montmartre s'accordent à dire, qu'au temps de la domination romaine dans les Gaules, on y voyait deux édifices consacrés aux fausses divinités, l'un à Mars et l'autre à Mercure [1].

Le temple de Mars, suivant l'opinion la plus répandue, aurait existé sur la pente méridionale de la colline, à peu de distance de la place où plus tard fut élevée la chapelle du Martyre [2]. Sauval [3] rapporte avoir vu dans le jardin du prieuré, le 24 mai 1657, le jour où Madame de Guise reçut la bénédiction comme abbesse, quelques restes de constructions qu'on lui dit

---

[1] L'ancienne prose du glorieux martyr de Paris, chantée pendant plusieurs siècles, dans l'église de Montmartre, en avril et en octobre de chaque année, disait, en parlant de la ville de Paris : *Adorabat idolum fallacis Mercurii, sed vicit diabolum fides Dionisii.* Voy. les *Antiquités de la ville de Paris*, par Malingre, 1640, p. 45 ; et le *Théâtre des antiquités de Paris*, par Dubreul. Paris, 1612, in-4°, p. 1151.

[2] Hurtaut et Magny, t. III, p. 576.

[3] *Antiquités de Paris*, t. I, p. 349.

provenir de ce monument. Dans le xvii⁰ siècle, on apercevait encore au sommet de Montmartre vers le midi de la place du Tertre, une grande et large terrasse, solidement construite, qui selon la tradition avait appartenu à cet édifice, et qui, à l'époque du siége de Paris en 1590, avait servi au roi de Navarre pour établir ses canons dirigés sur la capitale. Cette terrasse fut détruite il y a environ deux siècles, et sur son emplacement, on éleva une chapelle sous l'invocation de saint Benoît [1].

Le temple de Mercure se trouvait, dit-on, à l'extrémité occidentale de la montagne au milieu d'un bois. Au commencement du xvii⁰ siècle, on remarquait encore, sur Montmatre, un pan de mur d'une grande solidité dans lequel était une *niche* où l'on voyait une statue

---

[1] Sauval, t. 1, p. 351. — Voy. l'*Histoire de la banlieue ecclésiastique de Paris*, par M. l'abbé Lebeuf, t. III, p. 447; et la *Description historique de la ville de Paris et de ses environs*, par M. Piganiol de La Force. Nouvelle édition. Paris, 1765; in-12, t. III, p. 159.

haute de deux ou trois pieds, que l'on croyait avoir été une des idoles de ce temple[1]. Cette vieille muraille, si élevée qu'on pouvait l'apercevoir de toute la province de l'Isle de France, fut renversée par un ouragan le 20 octobre 1618, et la statue fut brisée[2]. Guillebert de Metz[3] parle aussi de ces ruines comme ayant fait partie d'un monument élevé à Mercure. Cette opinion n'était pas celle de l'abbé Lebeuf, qui avait aussi vu par lui-même quelques vestiges de ces constructions; le célèbre historiographe nous dit que les restes d'édifice que l'on apercevait de son temps en cet endroit, lui semblaient avoir trop peu de consistance pour avoir jamais pu appartenir à un temple[4].

---

[1] Sauval, t. I, p. 350. — *Traité de la police.* Paris, 1715; t. I, p. 68.
[2] Sauval, t. I, p. 350. — Hurtaut et Magny, t. III, p. 576. — Piganiol, t. III, p. 159.
[3] *Description de Paris au* XVe *siècle*, p. 29.
[4] Le savant abbé (t. III, p. 96) ne croyait pas à l'existence des deux temples dont nous venons de parler, mais, d'accord sur ce point avec Adrien de Valois (voy. dom Duplessis, p. 12), il recon-

On voit enfin aujourd'hui dans la propriété de M. Debray, près des deux derniers moulins à vent, sur l'emplacement présumé du temple de Mercure, des vestiges de murailles anciennes à fleur de terre, allant du nord au midi, et qui proviennent, peut-être, de l'édifice païen. Jaillot[1] prétend que les deux églises qui existaient à Montmartre de son temps (l'église paroissiale et la chapelle du Martyre), avaient été élevées à la place des deux temples consacrés aux fausses divinités, mais cette assertion ne concorde nullement avec la description que nous avons donnée plus haut de la position que devaient occuper ces deux édifices.

---

naissait qu'il était possible qu'il y eût eu sur Montmartre en deux endroits différents une statue de Mars et une autre de Mercure.

[1] *Recherches critiques, historiques et topographiques sur Paris*, Paris, 1772, t. II. Sixième quartier, Montmartre, p. 37.

CHAPITRE II.

Martyre de saint Denis et de ses compagnons à Montmartre. — Chapelle érigée sur le lieu du supplice. — Montmartre sous les deux premières races.— Siége de Paris par les Normands. — Ouragan de 944. — L'empereur Othon à Montmartre.

Le souvenir de saint Denis est essentiellement lié à Montmartre : l'histoire de ce saint est une des plus controversées. Les nombreux auteurs qui ont traité ce sujet, où l'on trouve un si grand intérêt mêlé à tant d'obscurité, diffèrent, et sur l'arrivée dans les Gaules, et sur l'apostolat, et sur les circonstances de la mort de ce grand évêque, que l'Église de Paris a toujours reconnu pour son fondateur, et qui, selon la croyance la plus commune, reçut à Montmartre la palme du martyre [1].

[1] *Histoire de la ville de Paris*, par dom Michel Félibien, t. I, p. 15. — *Gallia christiana*. Paris, 1744, t. VII, colonne 612. —

Si l'on s'en rapporte à la version la plus accréditée, vers le milieu du IIIe siècle, environ l'an 250 de Jésus-Christ, sous l'empereur Dèce, saint Denis, ordonné évêque depuis peu de temps, vint de Rome dans les Gaules avec quelques compagnons pour y introduire le christianisme. Sa pieuse entreprise fut bientôt couronnée de succès et, malgré les plus grands obstacles, il parvint à établir dans la future capitale de la France le culte du vrai Dieu [1]. Le grand nombre de prosélytes qui se convertissaient à sa voix alarma le prévôt romain qui, sur un ordre de l'empereur Aurélien, vers 273 ou 275, fit arrêter saint Denis ainsi que le prêtre Rustique et le diacre Éleuthère qui partageaient ses travaux

---

Sauval, *Antiquités de Paris*, t. III, p. 583. — Dubois, t. II, p. 46. — *Mémoire concernant la généralité de Paris*, par M. Phelipeaux, intendant. Bibliothèque de l'Arsenal, Manuscrit 1700, p. 20 et 21. — Jaillot, *Recherches sur Paris*, t. II. Sixième quartier, p. 37. — L'abbé Lebeuf, t. III, p. 98. — Dom Duplessis, p. 23. — Hilduin est le premier auteur qui ait parlé de la mort de saint Denis sur Montmartre.

[1] Guillebert de Metz, p. 29.

apostoliques. Les trois compagnons furent d'abord enfermés dans une obscure prison de Paris, ensuite on les dirigea dans un autre endroit de la même ville, où on leur fit endurer plusieurs tortures, puis ils furent amenés à Montmartre, théâtre ordinaire des prédications de l'évêque, qui venait fréquemment sur cette colline pour s'y livrer à la prière et à la méditation [1]. Ces saints apôtres de la foi catholique, conduits devant le temple de Mercure, refusèrent formellement de sacrifier aux faux dieux. Malgré les exhortations et les menaces du prévôt, après avoir été fustigés devant l'édifice païen et avoir enduré les traitements les plus cruels, ils furent ramenés sur le penchant méridional de Montmartre, près de l'endroit où l'on croit que se trouvait le temple de Mars, et là, ils furent tous les trois décapités [2].

[1] *Histoire chronologique pour la vérité de Saint-Denis*, par le Rév. Père F. Jacques Doublet, doyen de l'abbaye de Saint-Denis. Paris, 1646; in-8°, p. 514, 517 et suivantes.

[2] Hilduin, *Areopagit.*, au v° de la p. 116 : « Omnes sancti

Aux lieux sanctifiés par la prison, la torture et la mort du premier évêque de Paris, les fidèles, aussitôt qu'ils en eurent la possibilité, élevèrent trois édifices dont les noms rappelèrent, pendant plusieurs siècles, les antiques et pieux souvenirs qui s'y rattachaient. Saint Denis de la Chartre *(de carcere)*, dans la Cité à l'extrémité méridionale du pont Notre-Dame ; Saint-Denis du Pas (*a passione ejus*) également dans la Cité, près de l'église métropolitaine ; et la petite chapelle du Martyre à Montmartre [1].

Le modeste monument construit, en souvenir

---

martyres nudi cæsi, et suis vestibus reinduti, e regione idoli Mercurii ad locum constitutum educti, ad decollationem sunt genua flectere jussi. » — Sur la mort de saint Denis et de ses compagnons, voir aussi Guillebert de Metz, p. 29. — *Histoire de l'abbaye de Saint-Denis en France*, par F. Jacques Doublet, 1625, p. 94. — Dom Félibien, *Histoire de Paris*, t. 1, p. 15. — *La Vie apostolique de saint Denis Aréopagite, patron et apôtre de la France*, par le R. Père Est. Binet, de la Compagnie de Jésus, seconde édition. Paris, 1629, p. 127 à 223.

[1] Dubreul, *Antiquités de Paris*, p. 1152. — Guillebert de Metz, p. 51. — *Traité de la police*, t. I, p. 69. — Dulaure, *Hist. de Paris*, t. I, p. 191, t. II, p. 14. — *Hist. de Montmartre*, par M. Cheronnet, revue et publiée par M. l'abbé Ottin, 1843, p. 163.

de l'apôtre des Gaules, à la place où l'on supposait qu'il avait subi le dernier supplice, était situé sur la pente méridionale de la butte à l'endroit où se trouve aujourd'hui la rue Antoinette, près de la chaussée des Martyrs. On ignore la date précise de sa fondation ; les avis sont partagés à cet égard, mais on est presque certain que la chapelle du Martyre existait déjà vers la fin du VIIe siècle ou au commencement du VIIIe, sous le vocable de la sainte Vierge, de saint Denis et de ses compagnons [1].

Dagobert Ier, qui toute sa vie donna les plus grandes preuves de piété pour la mémoire du patron de la France, avait décidé que tous les criminels, même ceux de lèse-majesté, qui chercheraient un refuge en ce lieu sanctifié par le sang de l'évêque martyr ne pourraient être inquiétés [2].

---

[1] Guillebert de Metz, p. 80. — Jaillot, t. II. Sixième quartier, p. 45. — La *France convertie*, par le R. P. Léon, ex-provincial des Carmes réformés de la province de Touraine. Paris, 1664, p. 46.

[2] *France convertie*, p. 46 et 47.

On croit que, du temps même de saint Denis, les chrétiens, selon la coutume usitée à cette époque, avaient établi, dans l'une des grottes souterraines de Montmartre, un petit oratoire, où le saint, accompagné d'un certain nombre de fidèles, venait souvent pour méditer secrètement à l'abri des persécuteurs ; il célébrait, dit-on, le sacrifice de la messe en cet endroit, et il y donnait la communion aux nouveaux convertis. Des auteurs prétendent que saint Denis avait de son vivant dédié ce lieu de prière à la Vierge Marie[1].

Dès les commencements de notre histoire nationale, nous voyons le nom de Montmartre apparaître et se mêler à des faits qui ne sont point sans importance.

En 627, pendant que le haut clergé et les leudes de Neustrie et de Bourgogne, c'est-à-dire de toute la France d'alors, étaient, par l'ordre de Clotaire II, assemblés à Clichy pour

---

[1] Voir Doublet, *Hist. chronologique*, p. 515.

traiter des affaires de l'État, les gens d'Ægine, grand seigneur saxon, tuèrent Ermenhaire, maire du palais de Caribert, fils du roi. La cause et les circonstances de ce crime sont restées inconnues. Aussitôt Caribert et son oncle Brodulphe formèrent la résolution de venger sur la personne du Saxon la mort du maire du palais. Alors Ægine se retira avec quelques troupes sur Montmartre, et il se préparait à opposer une vigoureuse résistance aux forces imposantes de ses deux adversaires, lorsque l'intervention du roi mit fin à ce différend [1].

Sous les Carlovingiens, lors du siége de Paris par les Normands, en 886, le comte Eudes, depuis roi de France, après avoir obtenu de l'empereur Charles le Gros la promesse d'une assistance sérieuse, vint à Montmartre, et de ce point élevé s'exposa à la vue des Parisiens, dont il voulait ranimer le courage. La présence du

---

[1] Frédégaire, *Chronic.* cap. LV. Recueil dom Bouquet, t. II, p. 435.

comte de Paris sur la butte était pour les assiégés le présage d'une délivrance prochaine. En effet, l'empereur, à la tête d'une armée formidable, ne tarda pas à arriver en personne au secours de Paris. Enfin, malgré les plus grands efforts et une lutte des plus acharnées, les Normands n'ayant pu réussir à s'emparer de la ville, furent contraints de lever le siége et de se retirer [1]. Parmi les brillants faits d'armes et les prodiges d'héroïsme de cette guerre mémorable, nous voyons que six cents hommes commandés par deux valeureux guerriers, les frères Théodoric et Aledramne, partirent du camp impérial, qui était établi aux pieds du mont des Martyrs, et parvinrent jusqu'à Paris, après avoir couvert de trois mille cadavres ennemis tout l'espace qui sépare la Seine de Montmartre.

L'année 944, un orage épouvantable accompagné d'un vent furieux vint s'abattre sur Paris

---

[1] Abbon, livre II. Voir la traduction dans la *Collection des mémoires relatifs à l'histoire de France*, par M. Guizot. Paris, 1824, t. VI, p. 9, 46, 51 et 52.

et sur ses environs ; cette trombe renversa de fond en comble une maison de Montmartre dont les solides murailles avaient depuis plusieurs siècles résisté aux ravages du temps : une église qui se trouvait, dit-on, à peu de distance fut également détruite par le fléau, qui n'épargna pas non plus les nombreuses vignes ainsi que les abondantes récoltes qui alors ornaient les coteaux de la colline. La croyance populaire alla même jusqu'à attribuer cet événement à une cause surnaturelle [1].

En 977, Othon II, empereur de Germanie, qui tenait sa cour à Aix-la-Chapelle, surpris au milieu d'un festin par Lothaire, roi de France, n'évita d'être fait prisonnier qu'en prenant la fuite. Voulant se venger de cette attaque, l'empereur rassembla soixante mille hommes, puis il marcha contre Lothaire : « Je veux, disait-il, faire chanter un *alleluia* que l'on puisse entendre jusqu'à Notre-Dame de Paris. » L'année

[1] *Chronique* de Frodoart.

suivante, désirant user de représailles, il entra en France par les Ardennes, et, après avoir tout dévasté sur son passage, il parvint rapidement jusqu'à Saint-Denis ; de là Othon s'avança jusqu'aux portes de Paris, dont il brûla un faubourg. Satisfait de ce mince succès ainsi que des ravages qu'il avait exercés dans les campagnes environnantes, et voulant accomplir son vœu, il se hâta de se rendre avec ses troupes sur le sommet de Montmartre, où il avait rassemblé un grand nombre de clercs, auxquels il ordonna de chanter le plus haut possible un *alleluia* pour remercier Dieu de la prétendue victoire qu'il avait remportée. Ceux-ci obéirent si bien que tous les habitants de Paris entendirent leurs clameurs et en furent très-effrayés [1].

Pendant son séjour sur Montmartre, l'empe-

---

[1] Sauval, t. 1, p. 357. — Dom Duplessis, p. 211. — *Histoire de France,* par Anquetil, nouvelle édition. Paris, 1818 ; in-8°, t. 1, p. 491. — Dulaure, *Hist. de Paris,* t. 1, p. 314. — *Dictionnaire de tous les environs de Paris,* p. 432. — *Histoire de Mont-*

reur Othon avait ordonné de respecter les églises de ce lieu¹, lesquelles étaient sans doute la chapelle du Martyre et l'église paroissiale, que l'on croit avoir été élevée dans la première moitié du VIIIe siècle de 700 à 750².

---

martre, par Cheronnet, p. 27 et 28. — L'abbé Lebeuf, t. III, p. 98 et 99.

¹ L'abbé Lebeuf, t. III, p. 98.
² *Ibidem,* p. 97.

CHAPITRE III.

Églises de Montmartre. — Moines de Saint-Martin des Champs.
— Les Bénédictines succèdent aux moines de Saint-Martin.
— Fondation de l'Abbaye.— Donations de Louis le Gros.— Le
pape Eugène III à Montmartre. — La reine Adélaïde inhumée
dans le monastère. — Notice historique sur le couvent pendant les XIIe, XIIIe, XIVe, XVe et XVIe siècles.

L'église de Montmartre, érigée en paroisse dans le Xe siècle et, selon la mauvaise coutume introduite par la licence de ces temps, devenue depuis deux cents ans environ une propriété laïque, appartenait en 1096 à un gentilhomme nommé Vautien Payen *(Walterius Paganus)* et à son épouse, la comtesse Hodierne *(Hodierna cognomento comitissa)*, principaux seigneurs et propriétaires de cette montagne. Ceux-ci ressentant sans doute des scrupules sur la légitimité de leur possession, sous le règne de Philippe Ier, cédèrent leurs droits aux religieux de Saint-Martin des Champs, qui désiraient établir en cet endroit un prieuré de l'ordre de Cluny, sous la règle et observance de Saint-Benoît [1]. La donation comprenait l'église, dont il est probable que les moines réservèrent une partie pour servir de paroisse, le terrain nécessaire pour construire des lieux réguliers, le tiers de la seigneurie et de la dîme, les cens, rentes, tailles personnelles des habitants libres et demeurant dans l'étendue de ladite paroisse, le droit de reliques et de sépulture, le cimetière et un demi-journal de terre. En 1123 environ, Adam *de Vineroliis* et sa femme firent don aux moines de Montmartre du reste de la dîme qui leur était nécessaire pour en posséder la moitié, et ils y ajoutèrent encore quelques autres terres et prérogatives [2]. La chapelle du Martyre,

[1] Félibien, t. I, p. 158. — Sauval, t. I, p. 354. — *Franc. conv.*, p. 47.
[2] Sauval, t. I, p. 356.

dont il est alors parlé pour la première fois [1], appartenait aussi à Payen et à Hodierne, qui la donnèrent en même temps aux moines de Saint-Martin. Mais à la prière des donateurs et avec le consentement d'Ursion, premier prieur du couvent, il fut convenu que les présents que l'on y apporterait reviendraient à un laïque nommé Bernard ; toutefois, en raison de cette jouissance sa vie durant, il était obligé de payer chaque année, à la fête de Saint-Jean, dix sols audit monastère de Saint-Martin. Après sa mort, ces offrandes devaient retourner à la communauté, ainsi que tous les biens du même Bernard, qui s'engagea encore à faire célébrer dans cette chapelle deux ou trois messes par semaine. Cet humble lieu de prières était déjà, à cette époque, l'objet d'une dévotion particulière de la part des fidèles [2].

---

[1] « *Parva ecclesia quæ in colle Montis Martyrum est et a vulgo appellatur Sanctum Martyrium.* » (L'abbé Lebeuf, t. III, p. 100.) — *Capella de Sancto Martyrio*, P. Binet, p. 270.

[2] Sauval, t. I, p. 354 et 355. — Piganiol de La Force, t. III, p. 159. — L'abbé Lebeuf, t. III, p. 100 et 101.

Cette donation fut rédigée publiquement dans la basilique de Saint-Martin des Champs, selon l'usage d'alors, en présence et avec l'assentiment de Bouchard IV de Montmorency, haut seigneur de Montmartre. Environ un siècle auparavant, la famille de Montmorency, pour récompense de ses services, avait reçu en bénéfice de nos rois de la troisième race une partie au moins de la montagne de Montmartre[1]. Ces deux donations furent confirmées en 1098 par Guillaume Ier, soixante-troisième évêque de Paris. Quelque temps après, Bouchard de Montmorency voulut revenir sur ce qu'il avait consenti ; un grand procès s'ensuivit, il dura plusieurs années, et l'arbitrage d'Étienne, évêque de Paris, le termina en 1123[2].

Les moines de Saint-Martin demeurèrent à Montmartre jusqu'en 1133 ; à cette époque, Louis VI, dit Le Gros, et Adelaïde de Savoie eurent

---

[1] Sauval, t. I, p. 355. — L'abbé Lebeuf, t. III, p 99.
[2] Sauval, t. I, p. 356.

la pieuse pensée de choisir cette colline pour y établir un couvent de religieuses : aucun lieu n'était plus convenable pour une telle fondation ; cette terre arrosée du sang le plus pur des martyrs devait attirer sur le nouveau monastère la bénédiction du Tout-Puissant et la vénération des fidèles. Thibaud, prieur du couvent de Saint-Martin et toute sa communauté, avec l'approbation de Pierre Maurice, surnommé le Vénérable, abbé de Cluny, cédèrent au roi l'église qui appartenait à ces religieux avec toutes ses dépendances, la chapelle du Martyre et les terres, vignes et dîmes qu'ils avaient à Montmartre. Par suite de cet arrangement, Louis VI assura à perpétuité aux moines de Saint-Martin la possession de leur église de Paris et de celle de Saint-Denis de la Chartre, devenue depuis longtemps propriété laïque, et dont la collation appartenait au roi, ainsi que le prieuré, les maisons, terres, cens et rentes qui en dépendaient. Cet échange fut approuvé par Étienne, évêque de Paris, et, deux ans après, en 1136, une bulle du pape Innocent II confirmait cette communauté dans tous ses biens [1].

Il paraît qu'alors l'église paroissiale et la chapelle du Martyre étaient consacrées à saint Denis, car dom Duplessis rapporte d'après Tillemont, qu'au temps de Louis VI, on voyait sur Montmartre deux églises sous le vocable de ce saint [2].

Louis VI et Adelaïde firent élever pour l'usage du nouveau monastère un dortoir, un réfectoire, le cloître et les chapitres; ils réparèrent l'église paroissiale, y ajoutèrent une chapelle destinée aux religieuses, et restaurèrent l'ancienne petite chapelle du Martyre, qui tombait en ruines [3].

En 1134, Louis VI par sa charte de fondation

---

[1] Malingre, p. 46 et suivantes. — Félibien, t. I, p. 159. — Piganiol, t. III, p. 160. — Dulaure, *Histoire de Paris*, t. I, p. 396.

[2] *Nouv. Annales de Paris*, p. 23.

[3] Doublet, *Hist. chronologique*, p. 529. — *Franc. conv.*, p. 49. — Malingre, p. 47.

de l'abbaye [1], pour satisfaire au désir de la reine et avec le consentement de son fils Louis VII, déjà couronné roi, donna au couvent qu'il venait de créer le village de Menus, situé près de Saint-Cloud, et appelé depuis Boulogne, des terres à Clichy, Chelles, Senlis, Étampes, Melun et dans le Gatinais. Enfin, en raison de cette même charte, le roi faisait abandon à l'abbaye du droit de pêche qu'il possédait à Paris, et il la dotait de maisons, moulins, métairies, bois, vignes, fiefs, justices à Paris, Saint-Ouen, Vincennes, Senlis, Torfou et le Bourget; il accordait au monastère diverses autres franchises et la concession générale à perpétuité de tout ce que les dames de Montmartre pourraient acquérir dans le fief du roi [2]. Les religieuses de cette maison, appartenant au même ordre que les moines de Saint-Martin, devaient porter le nom de filles de Saint-Denis et de Saint-Benoît [3].

---

[1] Voir l'*Appendice* (A).
[2] Félibien, t. I, p. 159. — *Franc. conv.*, p. 51.
[3] L'abbé Lebeuf, t. III, p. 102. — *Franc. conv.*, p. 48.

La nouvelle abbaye percevait les dîmes des terres de Montmartre. Elle avait aussi droit de curé primitif, c'est-à-dire que le curé de la paroisse n'était que vicaire perpétuel à la nomination de l'abbesse [1].

La fondation du couvent de Montmartre fut confirmée par le pape Honoré III, qui prit ce monastère sous la protection du saint-siége et ordonna que la règle de Saint-Benoît y serait perpétuellement observée. Le même pape donna aux religieuses plein pouvoir d'élire leur abbesse, et il décida qu'elles ne pourraient jamais être obligées d'en admettre aucune par contrainte ; en outre le souverain pontife défendit d'expulser dudit couvent ni l'abbesse, ni les religieuses, sans qu'elles eussent préalablement été jugées par la sainte Église romaine ; mais avant de recourir à ce moyen extrême, le pape voulait qu'on essayât d'abord de les ramener au

---

[1] *Franc. conv.*, p. 48.— Sauval, t. I, p. 356.— *Règlements de la paroisse de Montmartre* (Registres paroissiaux). Ces registres se trouvent actuellement aux archives de l'Hôtel-de-Ville.

bien et qu'on employât à cet effet les bons avis de l'évêque diocésain, et ceux d'autres personnes appartenant à l'ordre ecclésiastique [1]. Dans la suite, Rome accorda encore aux dames de Montmartre de nombreux priviléges. Les rois successeurs de Louis VI ont aussi ratifié tous les avantages concédés à ce monastère par la charte de fondation, et ils n'ont jamais cessé de le favoriser par d'incessantes libéralités, grâces et exemptions [2].

La réputation que les nouvelles Bénédictines s'acquirent dès les premières années qui suivirent l'établissement de cette maison, leur mérita l'estime de Mathilde, première femme d'Étienne, roi d'Angleterre et fille d'Eustache III, comte de Boulogne. Cette princesse désirant que les dames de Montmartre fissent mention en leurs prières, tant de ses père et mère que d'elle-même, permit à celles-ci, avec l'approbation

---

[1] Félibien, t. I, p. 159.
[2] *Franc. conv.*, p. 49 et 51.

du comte Eustache, son frère, de prendre tous les ans à Boulogne-sur-Mer la quantité de cinq mille harengs; cette donation fut confirmée par Milon, évêque de Thérouane, dans ses lettres de 1144, et il en est question dans la bulle du pape Eugène III, datée du 7 juin 1147 [1].

On ignore d'où vinrent les religieuses qui furent placées dans ce couvent lors de sa fondation. La première abbesse, nommée Adélaïde, appartenait primitivement au monastère de Saint-Pierre de Reims. Elle mourut le 9 avril 1137 [2].

Sous l'abbesse Christine, en 1147, le pape Eugène III, qui avait été reçu à Paris avec de très-grands honneurs, après avoir célébré la messe dans l'église de Saint-Denis, le dimanche de Pâques, vint à Montmartre le lendemain lundi 21 avril, jour anniversaire de la

---

[1] Félibien, t. I, p. 160. — Piganiol, t. III, p. 161 et 162. — L'abbé Lebeuf, t. III, p. 102.

[2] Félibien, t. I, p. 160. — *Gallia christiana;* Series abbatissarum Montis Martyrum, t. VII, colonne 614.

découverte des corps de saint Denis et de ses compagnons, et après avoir officié pontificalement, il consacra la partie occidentale de l'église destinée à servir de paroisse, sous le titre de Saint-Pierre, que, depuis ce moment, les habitants du lieu ont toujours considéré comme leur patron [1]. Le même pape accorda de nombreuses indulgences à ceux qui visiteraient cette partie de l'église, le jour commémoratif de sa consécration. Dans cette cérémonie mémorable, qui est un titre d'honneur pour Montmartre ainsi que pour sa vieille paroisse, l'illustre abbé de Clairvaux, dont Eugène III avait été l'élève, servit de diacre, et les fonctions de sous-diacre furent remplies par Pierre le Vénérable, abbé de Cluny. Saint Bernard, appelé par Doublet « riche diamant de son siècle », laissa à Montmartre

---

[1] Suivant la *Franc. conv.*, p. 48, et Doublet, *Hist. chronologique*, p. 529, cette cérémonie aurait eu lieu le 22 avril. Mais nous pensons que la véritable date est le 21, car tous les auteurs qui parlent de ce fait le rapportent comme ayant eu lieu le lendemain de Pâques, et en l'année 1147, Pâques était le 20 avril.

sa tunique faite en toile d'argent. Le missel couvert d'or, et tous les riches ornements qui avaient servi à cette solennité, furent conservés religieusement jusqu'en 1559, époque où ces précieux objets, qui rappelaient de si grands souvenirs, furent brûlés, avec des papiers d'une grande importance, par l'incendie qui détruisit alors presque entièrement l'église et une partie du monastère[1].

Le 1er juin suivant, le dimanche après l'Ascension, Eugène III revint à Montmartre pour la seconde fois, et il consacra, sous l'invocation de la sainte Vierge, de saint Denis et de ses compagnons Rustique et Éleuthère, la partie orientale de l'église, exclusivement réservée aux religieuses, et qui comprenait le chevet, l'abside et deux petites chapelles latérales. Plus tard, ces deux dédicaces furent réunies en une seule et

---

[1] Doublet, *Hist. chronologique*, p. 529. — Sauval, t. I, p. 357. — Piganiol, t. III, p. 161. — *Nouveau dictionnaire historique des environs de Paris*, par J.-S. Dufey (de l'Yonne), p. 254.

l'anniversaire en fut célébré simultanément le 21 avril [1].

Les deux visites du pape Eugène III sur la montagne des Martyrs n'ont pas été racontées de la même manière par tous les auteurs qui ont parlé de ces faits [2].

Dom Mabillon [3] assure que l'église de Montmartre était partagée en deux parties, dont la plus petite, qui devait servir de paroisse, fut dédiée par le pontife en l'honneur de la Mère de Dieu et de saint Denis, tandis que l'autre, appartenant aux Bénédictines, fut consacrée sous le vocable de Saint-Pierre. Le même écrivain ajoute que, dans le mois de juin, Eugène III revint à Montmartre pour consacrer le grand

---

[1] L'abbé Lebeuf, t. III, p. 103. — Malingre, p. 47. — Cheronnet, p. 32 et 165.

[2] Piganiol rapporte, t. III, p. 161, que la chapelle du Martyre fut dédiée par le pape le 1er juin 1147. Le père Léon, dans sa *Franc. conv.*, p. 46, 48 et 49, dit que la chapelle du saint Martyre fut consacrée, le 2 juin 1147, par le pape Eugène III.

[3] *Annales ordinis S. Benedicti*. Paris, 1734 ; in-folio, t. VI, p. 447.

autel (*altare majus*) du petit édifice élevé en souvenir de saint Denis et de ses compagnons.

L'abbé Lebeuf a fortement combattu cette assertion du savant bénédictin, et malgré tout le respect que nous professons pour la haute autorité scientifique de dom Mabillon, jusqu'à preuve contraire, nous avons, à l'imitation de M. Cheronnet, adopté la version de l'auteur de l'*Histoire de la banlieue ecclésiastique* [1].

Cette année 1147, le pape Eugène III, dans une bulle datée de Paris le 7 juin et signée par plusieurs cardinaux, confirma tous les privilèges de l'abbaye de Montmartre, et par une seconde bulle donnée à Meaux, le 13 du même mois, il accorda de nouvelles indulgences à ceux qui visiteraient la chapelle des religieuses, le jour anniversaire de la consécration, et qui feraient de pieuses libéralités à leur couvent [2].

---

[1] L'abbé Lebeuf, t. III, p. 112. — Cheronnet, p. 164 et 165.
[2] Félibien, t. I, p. 160. — L'abbé Lebeuf, t. III, p. 112.

La reine Adélaïde, épouse de Louis Le Gros et veuve en secondes noces de Mathieu Ier de Montmorency, connétable de France, voulant terminer pieusement sa vie, avait pris le voile dans l'abbaye de Montmartre, où elle mourut, en 1154, un an environ après sa retraite. Cette princesse, devenue bénédictine, fut enterrée devant le grand autel de l'église paroissiale; elle avait elle-même désigné la place où elle désirait reposer [1].

Sur sa tombe, on lisait l'épitaphe suivante :

Icy fut enterrée la bonne Reine Alix, épouze du roy Louys le Gros, Fondatrice de ce Monastère, où elle prit l'habit de S. Benoît, vécut et mourut en odeur de bénédiction [2].

Le tombeau de la reine Adélaïde demeura au même lieu près de cinq cents ans, de 1154 à 1643;

---

[1] Malingre, p. 46. — L'abbé Lebeuf, t. III, p. 107 et 108. — Doublet, *Hist. chronologique*, p. 530. — *Gal. christ.*, t. VII, colonne 614.

[2] *Franc. conv.*, p. 51.

à cette dernière époque, l'abbesse Marie de Beauvilliers le fit transporter dans la chapelle du couvent. Quelques années après, Françoise Renée de Lorraine, désirant faire revivre parmi les religieuses de son monastère la mémoire de leur fondatrice, ordonna la restauration de ce tombeau, sur lequel on grava une seconde épitaphe, qui se composait d'une inscription en prose française, suivie de douze vers écrits en lettres gothiques et que nous reproduisons textuellement :

Ici est le tombeau de très-illustre et très-pieuse Princesse
Madame Alix de Savoye, Reine de France,
femme du Roi LOUIS VI. du nom, surnommé LE GROS,
Mère du Roi LOUIS VII. dit le jeune,
et fille de Humbert II. comte de Savoye,
et de Gisle de Bourgogne, Sœur du Pape Calixte II.

Ci gist Madame Alix, qui de France fut Reine,
Femme du Roi Louis sixième dit le Gros,
Son âme vit au ciel, et son corps en repos
Attend dans ce tombeau la gloire souveraine.
Sa beauté, ses vertus la rendirent aimable
Au prince son époux, comme à tous ses sujets ;
Mais Montmartre fut l'un de ses plus doux objets,
Pour y vivre, et trouver une mort délectable.
Un exemple si grand, ô passant ! te convie,
D'imiter le mépris qu'elle fit des grandeurs,
Comme elle sèvre-toi des plaisirs de la vie,
Si tu veux des Elus posséder les splendeurs [1].

Lorsque les religieuses quittèrent l'ancien monastère, pour venir habiter les bâtiments réguliers que la générosité de Louis XIV leur avait fait élever auprès du prieuré des Martyrs, cette tombe fut alors transportée dans l'église de la nouvelle abbaye où, en 1789, on

---

[1] Piganiol, t. III, p. 169 et 170. — *Itinéraire de la vallée de Montmorency*, par F.-D. Flamand-Gretry. Paris, 1835, p. 204.

la voyait encore ainsi que les inscriptions ci-dessus [1].

Le roi Louis VII dit Le Jeune, au retour de son pèlerinage à Saint-Jacques de Compostelle, vint à Montmartre prier sur les cendres de la reine sa mère, et il confirma la donation que celle-ci avait faite par legs à l'abbaye de la terre et seigneurie de Barbery (village près de Senlis), qui lui appartenait en propre [2].

La ressemblance de nom entre l'abbesse Adèle (Adela) et Adelaïde de Savoie (Adelais), qui vivait dans le même temps, a fait croire à quelques auteurs que peut-être la veuve de Louis VI était devenue elle-même abbesse de Montmartre. Les documents manquent pour énoncer une opinion certaine à cet égard. Mais

---

[1] L'abbé Lebeuf, t. III, p. 108. — *Compiègne et ses environs*, par Léon Ewig. Paris et Compiègne, 1836, p. 163.

[2] L'abbé Lebeuf, t. III, p. 107.—Voir la *Déclaration des biens et revenus mobiliers et immobiliers, et des charges du monastère des religieuses bénédictines de l'abbaye royale de Montmartre-lez-Paris*, faite en exécution du décret de l'Assemblée nationale du 13 novembre 1789. Manuscrit (Archives impériales).

il nous semble que l'on ne doit pas confondre la reine Adelaïde, morte en 1154, avec l'abbesse Adèle, dont le nom s'est conservé jusqu'en 1174 au moins [1].

Sous l'abbesse Élisabeth en 1180 ou au commencement de 1181, Constance, comtesse de Toulouse, fille du roi Louis VI, constitua sur les chevaliers de Saint-Jean de Jérusalem une rente de cent quarante-cinq livres, à la condition qu'ils payeraient chaque année cent sols à un chapelain tenu de prier dans la chapelle du Martyre, pour les âmes des ancêtres de ses père et mère, et du roi Louis Le Jeune son frère, mort depuis peu. Mais la princesse se réserva le droit de nommer à cette chapellenie, prérogative qui, après elle, devait appartenir à l'abbesse [2].

---

[1] On lit en effet dans la *Gal. christ.*, t. VII, colonne 614, en parlant de l'abbesse Adèle : « *Vitam et regimen ultra annum* 1174 *produxisse dicitur.* »

[2] *Gal. christ.*, t. VII, colonnes 614 et 615. — L'abbé Lebeuf, t. III, p. 112 et 113.

L'administration des abbesses, Hélisende (1218), Pétronille (1239), Agnès (1247), Émeline (1260) et Hélisende II (1264), ne présente aucun fait qui mérite d'être signalé [1].

A la mort de Mathilde Dufrenoy (1280), les religieuses de Montmartre demandèrent au roi la permission d'élire leur abbesse ; d'où l'on doit induire qu'elles avaient perdu ce privilége, qui leur avait été accordé par le pape Honoré III.

Nous mentionnons seulement pour mémoire Alips (1280-1284), Adeline d'Ancilly (1285-1300) et Philippe, du temps desquelles nous ne trouvons rien d'intéressant à raconter [2].

Ade de Mincy dirigeait le monastère, lorsqu'en 1304, Philippe Le Bel apprenant le dénûment où se trouvait le desservant de la chapelle du Martyre, assigna sur son trésor de Paris une rente de vingt livres parisis à cet antique ora-

[1] *Gal. christ.*, t. VII, colonne 645. — Cheronnet, p. 72.
[2] *Gal. christ.*, t. VII, colonne 615.

toire, qui n'avait alors d'autres revenus que les offrandes des fidèles [1].

L'histoire de Jeanne de Repenti (1317-1328), et de Jeanne de Valengoujart ou Valaugavart (1320-1347), ne renferme que des faits d'administration intérieure que nous n'avons pas cru devoir rapporter [2].

Par suite des guerres continuelles qui désolaient la France depuis si longtemps, et des troubles de toute espèce dans lesquels le royaume était plongé, les affaires de l'abbaye de Montmartre se trouvaient dans l'état le plus pitoyable. Aussi dans le mois de juin 1364, sur la demande de Jeanne de Morteri, qui alors administrait le monastère, Charles V accorda aux dames du lieu des lettres de sauvegarde, par lesquelles ce prince commandait aux agents royaux de protéger et de défendre ce couvent.

---

[1] L'abbé Lebeuf, t. III, p. 143.
[2] *Gal. christ.*, t. VII, colonne 646. — Cheronnet, p. 74, 75, 76, 77 et 78.

En conséquence, les religieuses de cette maison recouvrèrent plusieurs biens situés sur le territoire de la Chapelle, qu'elles avaient perdus par suite des empiétements d'autres communautés.

Malgré leur zèle pour faire rentrer les dames de Montmartre dans toutes les possessions dont elles avaient été injustement dépouillées, les officiers de l'abbaye rencontrèrent des obstacles si grands, qu'en 1365 le pape Urbain V prononça l'excommunication contre tous ceux qui détenaient indûment les propriétés du monastère, dont le prévôt de Paris, Hugues Aubriot, défendit aussi les droits [1].

Le nom d'Isabelle de Rieux nous apparaît pour la première fois en 1376 [2]. Elle appartenait à l'ancienne maison de Rieux, déjà célèbre en Bretagne dès l'année 1064 [3]. Du temps de cette

---

[1] Cheronnet, p. 78 et 79.
[2] *Gal. christ.*, t. VII, colonne 646.
[3] Dom Lobineau, *Hist. de Bretagne*, liv. III, p. 97 dans l'*Hist. généalogique et chronologique des grands officiers de la cou-*

abbesse, Charles VI, pour accomplir un vœu que, dans le but de recouvrer la santé, il avait fait à Notre-Dame et à saint Denis, avant de se rendre à la cathédrale de Chartres, fit une neuvaine à la chapelle de l'abbaye de Montmartre, qui, comme nous l'avons vu plus haut, avait été dédiée à la sainte Vierge et à saint Denis [1]. Quelque temps après, le lendemain de la fête si tristement célèbre, connue sous le nom de *ballet des sauvages,* le même roi, accompagné des princes du sang et d'une suite nombreuse, revint en grande pompe à Montmartre faire encore un nouveau pèlerinage à la chapelle du Martyre, pour remercier Dieu qui l'avait sauvé des flammes [2].

---

ronne, par le P. Anselme, continuée par M. Du Fourny, troisième édition. Paris, 1726-1733, in-folio, t. VI, p. 763.

[1] *Histoire de Charles VI*, par Jean Juvénal des Ursins, dans la *Nouvelle collection pour servir à l'histoire de France, depuis le* XIIIe *siècle jusqu'à la fin du* XVIIIe, par MM. Michaud et Poujoulat. Paris, 1840, t. II, p. 389. — *Gal. christ.*, t. VII, colonne 616.

[2] *Gal. christ.*, t. VII, colonne 616.— Sauval, t. I, p. 357.—

Pendant les guerres des Armagnacs et des Bourguignons, Montmartre fut souvent occupé par les différents partis, et l'abbaye, que dirigeait alors Jeanne du Coudray, se ressentit des calamités publiques de cette triste époque. Le nombre des religieuses du monastère, diminuant chaque jour, était réduit à six en 1403. Charles VI, comme l'avait fait son prédécesseur, accorda des lettres de sauvegarde royale datées du 23 mai 1408 à l'abbesse et au couvent de Montmartre, et il leur donna le prévôt de Paris pour gardien et juge dans toutes leurs affaires [1].

Sous l'administration de Simone d'Herville, il ne se passa rien d'important dans le couvent [2].

Du temps d'Agnès Desjardins (1436-1462),

Juvénal des Ursins, *Collection des mémoires pour servir à l'Histoire de France,* t. II, p. 392.

[1] *Voir* Sauval, t. I, p. 357. — *Gal. christ.*, t. VII, colonne 616. — L'abbé Lebeuf, t. III, p. 108. — *Ordonnances des rois de France de la troisième race,* par M. de Villevault, in-folio. Paris, 1755, t. IX, p. 340 et 341.

[2] *Gal. christ.*, t. VII, colonne 616.

les revenus de l'abbaye de Montmartre étaient encore considérablement réduits, et la communauté se trouvait dans l'état le plus triste. L'abbesse elle-même fut obligée de se retirer dans Paris et d'abandonner momentanément son monastère qui, en raison de sa position au milieu de la campagne dans ces temps de guerre civile, était exposé aux plus grands dangers [1].

Pendant l'administration de Pétronille la Harasse (1463-1477), la misère du couvent croissant sans cesse était devenue si grande que les religieuses, privées de la plus grande partie de leurs rentes, se virent obligées de s'adresser au roi Louis XI, qui les prit sous sa protection, et par lettres du 4 février 1468, chargea le prévôt de Paris d'assurer lui-même la rentrée et le service de leurs revenus, dont il réglait l'emploi [2].

[1] *Gal. christ.*, t. VII, colonnes 616 et 617.— Cheronnet, p. 85, 86, 87 et 88.
[2] *Gal. christ.*, t. VII, colonne 617. — *Extrait de la commis-*

Marguerite Langlois dirigea le couvent de Montmartre pendant vingt-six ans (1477-1503); du temps de cette abbesse, la discipline régulière s'était considérablement affaiblie parmi les Bénédictines de ce lieu, dont les mœurs, depuis quelques années, présentaient un exemple fâcheux de scandale. Vers l'an 1500, Jean Simon, évêque de Paris, voulant prévenir la ruine de cette maison, dans laquelle il n'y avait plus que huit religieuses, conçut le projet d'en opérer la réforme et de la rappeler aux règles de son institut. Mais la mort de ce prélat, arrivée en 1502, laissa à son successeur, Étienne Poncher, l'honneur d'achever l'œuvre commencée. Celui-ci, avec la permission du roi Louis XII et sous l'autorité du cardinal d'Amboise, légat du saint-siége, plaça dans l'abbaye, pour la réformer et pour diriger l'éducation des jeunes sœurs, des religieuses appartenant à l'ordre de Fonte-

---

sion du roi Louis XI, pour le temporel de l'abbaye de Montmartre. — Félibien, t. III, p. 563.

vrault, qu'il fit venir de diverses maisons réformées depuis peu [1].

Au commencement du xvie siècle, il n'était pas permis de chanter une messe dans la chapelle du Martyre sans l'autorisation de l'abbesse ; aussi voyons-nous, en 1502, le prêtre maître Jean Rouet, sur l'instance des sœurs de Montmartre, condamné par la justice du Châtelet pour avoir fait chanter sans leur consentement une grand' messe à diacre et sous-diacre, le jour anniversaire de la dédicace.

En 1503, après la mort de l'abbesse Marguerite Langlois, sur la demande de l'évêque de Paris, l'autorité apostolique accorda aux dames de ce lieu l'autorisation d'élire tous les trois ans leur abbesse, qui auparavant était nommée à vie [2]. Étienne Poncher obtint encore en faveur desdites religieuses le privilége de pouvoir choisir également pour le même es-

---

[1] *Gal. christ.*, t. III, colonne 617. — Félibien, t. II, p. 904.
[2] Félibien, *loco citato*.

pace de temps, et par la voie des suffrages secrets, un visiteur régulier, dont la nomination devrait être confirmée par l'évêque de Paris, et, en cas d'absence, par son grand vicaire [1].

Marie Cornu fut la première abbesse de Montmartre élevée à cette dignité par le nouveau mode d'élection. C'est sous son administration (1503-1510) que les Bénédictines de cette maison remplacèrent l'habit noir par le costume blanc [2].

Le 22 avril 1507, le roi Louis XII, par des lettres de garde données à Rouanne, décida, comme l'avait fait Charles VI, que les religieuses, l'abbesse et le couvent de Montmartre seraient placés sous la protection spéciale du prévôt de Paris [3].

Après la courte administration de Martine

---

[1] *Franc. conv.,* p. 53.

[2] *Gal. christ.,* t. VII, colonne 648.— Cheronnet, p. 98.

[3] *Ordonnances des rois de France de la troisième race.* Paris, 1844; in-folio, t. XXI, p. 353.

Dumoulin (1510-1515), Claude Mayelle ou Mahielle dirigeait le couvent, lorsqu'en 1517 eut lieu à Montmartre la translation solennelle des reliques des martyrs qui, durant les premiers siècles de l'Église, avaient arrosé cette montagne de leur sang. Les reliques, qui se trouvaient dans la sacristie de l'église de l'abbaye, furent alors déposées dans une châsse, qu'on plaça derrière le grand autel. On trouve le procès-verbal de cette translation dans l'abbé Lebeuf, qui y a joint une certification de l'évêque de Paris en date du 18 juillet 1614[1]. La mémoire de cette cérémonie fut perpétuée par une fête que l'on célébrait tous les ans à pareille date[2].

Antonie Auger administra le monastère de Montmartre depuis la fin de l'année 1518 jusqu'en 1526. La direction des religieuses de cette maison fut alors confiée à Catherine de Charran,

---

[1] *Gal. christ.*, t. VII, colonnes 617 et 618. — L'abbé Lebeuf, t. III, p. 104-106.

[2] *Vie de saint Denis*, par le père Binet, p. 207 et 208.

en 1533, Antonie Auger fut élevée de nouveau à la dignité d'abbesse, qu'elle conserva jusqu'en 1539 [1].

Sous son administration, Montmartre fut le berceau de la mémorable Compagnie de Jésus, que Doublet appelle « fille de Montmartre, des « martyrs et de la France [2]. »

Le 15 août 1534, Ignace de Loyola et ses compagnons vinrent dans la chapelle du Martyre. Là, ces pieux jeunes gens, après avoir assisté à la messe et avoir reçu la communion dans la chapelle, que l'on croyait avoir été élevée sur le lieu même du supplice de saint Denis, prononcèrent leurs vœux d'une voix haute et distincte, vœux par lesquels ils se dévouaient entièrement au service du Christ et s'engageaient, dans un délai déterminé, à entreprendre le voyage de Jérusalem, à renoncer à tous leurs biens, ne se réservant que ce qui leur était nécessaire pour

---

[1] *Gal. christ.*, t. VII, colonne 618.

[2] Doublet, *Hist. chronologique*, p. 531. — *Voir* le père Binet, *Vie de saint Denis*, p. 269.

gagner la Terre-Sainte, et dans le cas où ils ne pourraient effectuer leur projet, à aller se mettre à la disposition du souverain pontife, pour servir l'Église en tel lieu du monde qu'il lui plairait de les envoyer, et à exercer leur ministère gratuitement [1].

Des inscriptions qui rappelaient le souvenir de cette cérémonie furent placées sur les murs de la chapelle [2]. Et au-dessus de l'autel on voyait un tableau qui représentait saint Ignace donnant la communion à ses compagnons [3].

Les deux années suivantes, les fondateurs de la nouvelle société vinrent à Montmartre renouveler leurs vœux. Les jésuites visitaient souvent

---

[1] C'étaient François-Xavier, Lefevre, Jacques Lainez, Alphonse de Salmeron, Nicolas-Alphonse, surnommé Bobadilla, village du royaume de Léon, lieu de sa naissance, et Simon Rodriguez d'Alavedo, gentilhomme portugais (la *Vie de saint Ignace*. Paris, 1735, 3ᵉ édition, p. 155 et 156. — *Vie de saint François-Xavier*, par le père Bouhours; nouvelle édition, augmentée de quelques opuscules de piété, par l'abbé F.-X. de F. Lyon, Paris, 1845, t. I, p. 10. — L'abbé Lebeuf, t. III, p. 114.)

[2] *Gal. christ.*, t. VII, colonne 618. — Cheronnet, 178 et 179.

[3] *Gal. christ.*, t. VII colonne 618.

la chapelle du Martyre, dans laquelle ils se livraient à la prière, et où ils célébraient le sacrifice de la messe, principalement aux fêtes de saint Ignace et de saint François-Xavier; tous les jours de l'octave de l'Assomption, ils prêchaient aussi dans ce lieu, en mémoire du premier père de leur ordre [1].

Les administrations des abbesses Marie Cathin et Jeanne le Lièvre, qui furent de peu de durée (1540-1541), ne présentent rien d'intéressant à relater [2].

Sous la direction de Marguerite de Havard (1542-1547), la discipline religieuse s'affaiblit encore dans l'abbaye, et une nouvelle réforme fut jugée nécessaire [3].

Catherine de Clermont, fut la première abbesse de Montmartre nommée par le roi; elle était à Grenoble dans un couvent de l'ordre de

---

[1] *Franc. conv.*, p. 54. — Cheronnet, 179.

[2] *Gal. christ.*, t. VII, colonnes 618 et 619.

[3] *Gal. christ.*, t. VII, colonne 619. — L'abbé Lebeuf, t. III, p. 109.

Saint-Dominique, lorsqu'en 1548, Henry II lui confia l'administration du couvent du Mont des Martyrs.

Après avoir pris l'habit de bénédictine à Reims, dans le monastère de Saint-Pierre, dont Renée-Catherine de Lorraine était alors abbesse, elle entra en possession de sa nouvelle dignité, le 11 août 1549 [1]. Il y avait alors à Montmartre plus de soixante religieuses. C'est du temps de madame de Clermont qu'en 1559 le violent incendie, dont nous avons déjà parlé, consuma la plus grande partie de l'église paroissiale et une notable portion du couvent [2]. Elle fut remplacée en 1589 par Claude de Beauvilliers.

Contrairement au droit que le roi avait alors de choisir les abbesses de Montmartre, prérogative dont les guerres civiles de ce temps l'empêchèrent sans doute de faire usage,

---

[1] *Gal. christ.*, t. VII, colonne 619. — L'abbé Lebeuf, t. III, p. 109.

[2] L'abbé Lebeuf, t. III, p. 104. — Sauval, t. I, p. 356 et 357.

Claude de Beauvilliers fut élevée à cette dignité par l'élection des religieuses de cette maison [1].

L'année suivante la montagne des Martyrs devint le quartier-général du roi de Navarre qui, avec douze mille fantassins et trois cents chevaux, venait pour la troisième fois assiéger Paris. Le 8 mai 1590, Henri IV salua les Parisiens par le feu de six pièces d'artillerie, dont deux étaient placées à Montmartre et quatre sur la butte de Montfaucon [2].

Pendant ce siége, par une nuit obscure, le royal assiégeant, après avoir commandé d'attaquer à la fois tous les faubourgs de Paris, voulant juger par lui-même de l'effet de ses ordres, se rendit à l'abbaye. Mais il convient d'emprunter ce fait aux Mémoires de Sully, écrits, on le sait, par l'un de ses secrétaires, qui s'adresse à son maître et lui parle ainsi :

---

[1] *Gal. christ.*, t. VII, colonne 619.
[2] *Chronologie novenaire de Palma Cayet,* dans la *Nouvelle collection des mémoires pour servir à l'histoire de France,* par MM. Michaud et Poujoulat. 1re partie, t. XII, p. 231.

« Ayant donc choisi une nuict fort noire, afin de faciliter son execution et de voir tant mieux l'escopeterie d'un si grand et general attaquement, tel, à la verité, que nous n'estimons point s'en estre jamais veu un semblable pour si peu de sang respandu, d'autant que Sa Majesté, ayant separé son armée en dix parts, et icelles ordonnées pour attaquer en mesme temps les faux-bourgs Sainct-Anthoine, Sainct-Martin, Sainct-Denys, Mont-martre, Sainct-Honoré, Sainct-Germain, Sainct-Michel, Sainct-Jacques, Sainct-Marceau, et Sainct-Victor, il s'en alla à l'abbaye de Mont-martre, où il ne mena avec luy que les vieillards, les gens de plume et les blessez, qui ne pouvoient combattre, au nombre desquels vous fustes, et mesme Sa Majesté vous fit apporter un siége aupres de luy, à sa mesme fenestre où il entretenoit vous, le bon homme, M. du Plessis-Rusé, M. de Fresne, et, ce nous semble, M. Alibour.

« L'escopeterie commença sur la minuict, et dura deux grandes heures, avec telle continuation qu'il sembloit que la ville et les faux-bourgs fussent tout en feu, tant ces peuples tiroient, la plus part du temps sans besoin, et cela neantmoins fort esgalement; reservé vers la porte Sainct-Anthoine, où l'attaquement se fit de plus loin et plus lentement, et la defence de mesme, à cause qu'il n'y a autre faux-bourg que Sainct-Antoine des Champs; mais, quoyque ce soit, nous croyons que qui pourroit faire faire un tableau de cette nuict là, où le bruit des voix et des coups d'harquebuses se pust representer aussi bien que tant de bluettes de feu qui paroissoient, il n'y auroit rien au monde de si admirable : et succeda ce dessein tant heureusement, que tous les faux-bourgs furent quasi pris en mesme temps, et toutes les portes de la ville si bien blocquées, qu'il n'y pouvoit plus rien entrer ny en sortir, ce qui causa de grandes necessitez au pauvre peuple, qui meriteroient bien d'estre recitées [1]. »

[1] *Mémoires de Sully*, Michaud et Poujoulat, 2ᵉ série. t. II, p. 81.

Cette même année 1590, Claude de Beauvilliers quitta ses fonctions pour prendre la direction du couvent du Pont-aux-Dames, dont Henri IV l'avait nommée abbesse; le suffrage des sœurs de Montmartre confia alors l'administration de l'abbaye à Catherine de Havard, qui l'exerça depuis 1590 jusqu'en 1598 [1].

Le dimanche 25 juillet 1593, à neuf heures du matin, Henri IV, après avoir abjuré dans l'église de Saint-Denis et prêté serment de fidélité au catholicisme entre les mains de Renauld de Beaune, grand aumônier de France et archevêque de Bourges, après s'être confessé et avoir entendu la messe et vêpres, monta à cheval et accompagné de toute sa cour, vint à Montmartre, dans la chapelle du Martyre, rendre grâces à Dieu de sa conversion sur le tombeau des saints apôtres de la France. Des prélats, des docteurs et trente curés de Paris, ainsi qu'un grand nombre de personnes d'un rang élevé, parmi les-

---

[1] *Gal. christ.*, t. VII, colonne 619.

quelles se trouvait le fameux René Benoît, curé de Saint-Eustache, et plus tard confesseur du roi, assistaient à cette cérémonie, qui se fit avec la plus grande solennité [1]. En réjouissance de cet événement, un très-grand feu de joie fut allumé sur la butte Montmartre [2].

---

[1] *Histoire ecclésiastique*, continuation de l'abbé Fleury, 1738. Paris, t. XXXVI, p. 476.— *Franc. conv.*, p. 65.— *Nouvelle description de la ville de Paris*, par Germain Brice; 8ᵉ édition. Paris, 1725, t. I, p. 30.

[2] *Vie de saint Denis*, par le père Binet, p. 263.

CHAPITRE IV.

Marie de Beauvilliers, abbesse de Montmartre. — Son origine, son éducation. — Elle veut réformer l'abbaye ; résistance d'une grande partie des religieuses ; grâce à ses efforts persévérants, elle achève la réforme complète de son couvent. — Elle donne ses soins au temporel de l'abbaye ; réédification de la Chapelle du Martyre ; fondation d'un Prieuré sur Montmartre. — La Fronde. — La reine Anne d'Autriche établit la Confrérie de Saint-Denis. — Fondation de la Chapelle Sainte-Anne à la *Nouvelle France*, et de Notre-Dame de Lorette au quartier des *Porcherons*. — Maladie et mort de Marie de Beauvilliers. — Son épitaphe.

L'an 1598, Marie de Beauvilliers, placée deux ans auparavant par nomination royale à la tête du couvent de Montmartre, prit possession de sa nouvelle dignité. Cette abbesse, qui opéra la réforme de ce monastère, et qui s'en est rendue en quelque sorte la seconde fondatrice, a pendant sa longue carrière tellement illustré la maison confiée à ses soins, par sa fervente piété, ses rares vertus et son habile administration, que nous nous croyons pleinement autorisé à donner ici l'esquisse historique d'une vie aussi peu connue que bien remplie [1].

Marie de Beauvilliers était fille de Claude de Beauvilliers, comte de Saint-Aignan, et de Marie Babou de la Bourdaisière. Sa famille, très-ancienne, et, depuis les temps les plus reculés, alliée aux maisons de Bourbon, de Courtenay, de Nevers, de Naples, de Sicile, de Savoie, de La Trémouille, de Clermont et de Sourdis, comptait parmi ses membres les plus hauts dignitaires de l'ordre ecclésiastique et séculier [2]. Marie de Beauvilliers naquit, le lundi 26 avril 1574, dans la contrée appelée *Sologne*, entre Orléans et Cléry, au château de la Ferté-Hubert, qui appartenait

---

[1] Voir sur cette abbesse *Bibliothèque générale des écrivains de l'ordre de Saint-Benoît*, par un religieux bénédictin de la congrégation de Saint-Vannes (dom Jean-François). — Bouillon, 1777, in-4°, t. III, p. 452.

[2] *Éloges de plusieurs personnes illustres en piété de l'ordre de Saint-Benoît* (par Jacqueline Boüette de Blémur). Paris, 1679, in-4°, t. II, p. 144. — *Histoire des Ordres monastiques* (par le P. Helyot). Paris, 1718, in-4°, t. VI, p. 315.

à son père. A dix ans, elle fut placée dans le couvent de Beaumont, près de Tours, dont une sœur de sa mère était abbesse. C'est dans cette maison qu'elle puisa les principes de la plus solide piété [1]. Elle n'avait que douze ans lorsqu'elle reçut l'habit de religieuse, et après trois années de noviciat, à l'âge de quinze ans (1589), elle commença l'année de sa probation, pendant laquelle elle s'acquitta très-exactement de tous ses devoirs. Sa tante, madame de Beaumont, ne la dispensait d'aucune des obligations de la règle ; elle la mortifiait le plus qu'elle pouvait et elle lui imposait des pénitences pour les fautes les plus légères. La famille de Marie employa toutes sortes de moyens pour la détourner du projet de se faire religieuse ; la maréchale d'Aumont, sa grand'mère, la trouvant trop jeune, voulait qu'on retar-

---

[1] *Gal. christ.*, t. VII, colonne 619. — *Eloges de pers. illus. de l'Ordre de S. Benoît*, t. II, p. 144. — *Hist. des Ordres monastiques*, t. VI, p. 315. — *Hist. généalogique et chronologique des pairs, grands officiers de la couronne*, etc., par le père Anselme, t. IV, p. 717.

dât encore quelque temps la prononciation de ses vœux, mais la jeune fille poursuivit son but avec tant de persévérance, elle pria son aïeule de si bonne grâce pour obtenir son consentement, que celle-ci finit par le lui accorder [1]. Le 12 juin 1590, à l'âge de seize ans, elle prononça ses vœux dans l'abbaye de Beaumont, en présence du cardinal de Vendôme, de l'évêque de Nantes, son oncle, de Philippe Dubec, qui fut depuis archevêque de Reims, et d'une nombreuse société d'élite qui admirait sa ferveur et s'étonnait de voir une personne aussi jeune et l'une des plus belles de son temps, avoir un tel mépris pour le monde et le quitter avec autant de satisfaction [2].

Mademoiselle de Beauvilliers était religieuse dans le couvent de Beaumont, lorsqu'en 1596 (elle avait alors vingt-deux ans), M. Pierre Forget de Fresnes, son beau-frère, lui envoya le brevet

[1] *Eloges de pers. illus. de l'Ord. de S. Benoît*, t. II, p. 145.
[2] *Ibidem*, t. II, p. 146. — *Hist. des Ord. monast.*, t. VI, p. 315 et 316. — Cheronnet, p. 129.

d'abbesse de Montmartre, que sur sa demande, le roi Henri IV lui avait accordé pour elle. Mais un retard survenu dans l'expédition des bulles qu'elle ne reçut de Rome que deux ans plus tard, fit remettre l'époque de son installation dans la dignité d'abbesse. La jeune religieuse fut ravie de cette circonstance, qui lui permettait de continuer à vivre dans l'obéissance, vertu convenant si bien à son humilité. Pendant que M. de Fresnes sollicitait auprès de la cour de Rome pour faire avancer la nomination de Marie, celle-ci ne voulut pas lui écrire, espérant que le mécontentement qu'il éprouverait de son silence et du peu de reconnaissance qu'elle lui témoignait, lui ferait négliger la poursuite de cette affaire, et qu'il cesserait tout à fait de s'occuper d'elle[1]. Mais, loin de se laisser refroidir par ce silence qu'il n'attribuait qu'à la grande modestie de sa belle-sœur, M. de Fresnes, pour vaincre la résistance de celle-ci, lui envoya à Beaumont deux

---

[1] *Hist. des Ord. monast.*, t. VI, p. 346.

docteurs en théologie, qui s'acquittèrent si bien de leur mission, que la nouvelle abbesse se soumit à leurs raisons, en disant : « Je ne suis qu'une esclave, celui auquel j'appartiens peut me commander en maître absolu. » Alors madame de Beaumont, craignant de perdre sa nièce, lui dit qu'elle était en état de péché mortel pour avoir consenti à aller à Montmartre, dans une maison aussi décriée, à cause du peu de régularité de celles qui l'habitaient, et dont l'entrée, ajoutait-elle, était même interdite aux gens de bien. Elle avait recueilli ces détails d'un père minime, qu'elle avait prié de prendre des renseignements sur ce monastère. Le confesseur du couvent de Beaumont, d'accord avec l'abbesse, avait été jusqu'à refuser l'absolution à la jeune Marie, qui, pendant trois mois, vécut ainsi privée du secours des sacrements et en proie aux plus douloureuses perplexités. C'était déjà le commencement des dures épreuves que Dieu lui réservait. Pour calmer les incertitudes de son esprit, mademoiselle de Beauvilliers consulta des personnes aussi recommandables par leur piété que par leurs lumières ; toutes l'engagèrent à entreprendre sans crainte la réforme de la maison qui lui était offerte, lui disant qu'elle devait compter sur l'assistance de Dieu pour l'accomplissement d'une œuvre aussi laborieuse. Cette unanimité triompha de ses hésitations, et malgré tous les efforts de sa tante pour l'en détourner, elle consentit à accepter sa nouvelle position, s'abandonnant à Dieu, et décidée à souffrir tout ce qu'il ordonnerait. Les bulles ayant été expédiées de Rome au commencement de l'année 1598, deux religieuses furent envoyées de Montmartre pour chercher leur nouvelle abbesse [1].

Marie de Beauvilliers avait vingt-quatre ans lorsqu'elle quitta le couvent de Beaumont, dans lequel elle avait passé douze années. Arrivée à Paris, elle demeura une semaine avec madame

---

[1] *Éloges de pers. illus. de l'Ord. de S. Benoît*, t. II, p. 147, 148 et 149. — *Hist. des Ord. monast.*, t. VI, p. 317.

de Fresnes sa sœur. Henri IV, qui venait souvent dîner chez M. de Fresnes, l'un de ses secrétaires d'État, ayant demandé à la voir, Marie, malgré l'extrême répugnance qu'elle éprouvait à l'idée de paraître devant le roi, consentit à lui être présentée, accompagnée de ses tantes, mesdames de Sourdis et de Sagonne. Tout le temps qu'elle fut en présence du royal visiteur, elle tint constamment les yeux baissés et elle ne prit la parole que pour répondre aux questions que celui-ci lui adressa. Charmé et surpris de sa modestie, Henri IV ne put s'empêcher de lui dire que « les autres religieuses n'étoient pas de son humeur, et qu'elle n'en trouveroit pas beaucoup d'aussi scrupuleuses. » Et en quittant M. de Fresnes, il ajouta : « Je me puis vanter aujourd'huy que j'ay veu une parfaite religieuse. » Le roi promit à la jeune abbesse sa protection et il lui donna 2,000 écus pour entreprendre les réparations de son monastère[1].

[1] *Éloges de pers. illus. de l'Ord. de S. Benoît*, t. II, p. 150. — *Hist. des Ord. monast.*, t. VI, p. 317.

Marie de Beauvilliers fit son entrée dans l'abbaye de Montmartre le 7 février 1598. L'évêque de Nantes, son oncle, le comte de Saint-Aignan, son frère, M. et madame de Fresnes, et plusieurs autres personnes de distinction, assistaient à son installation.

Dès le premier jour de son arrivée, la nouvelle abbesse put mesurer l'étendue de la tâche à laquelle elle s'était dévouée. Elle se voyait chargée de l'administration d'une maison pauvre et pleine de désordres, où se trouvaient trente-trois religieuses décidées à vivre selon leur volonté et à s'opposer à tout le bien que leur supérieure voudrait tenter, à l'exception de deux qui étaient entièrement disposées à favoriser la réforme projetée par madame de Beauvilliers ; ces religieuses étaient deux sœurs appartenant à une famille de Paris, et dont le père attaché au parti de la Ligue avait été exilé en Flandre [1].

[1] *Éloges de pers. illus. de l'Ord. de S. Benoît*, t. II, p. 149, 150 et 151.

Le couvent de Montmartre était alors dans l'état le plus triste par suite des guerres civiles qui avaient désolé tous les environs de Paris. Le jardin était en friche, les murs de l'enclos renversés, le réfectoire servait de bûcher, le cloître, le dortoir et le chœur étaient convertis en promenoir; peu de religieuses suivaient les offices, et quelques-unes étaient obligées de travailler pour vivre. Les récoltes étaient saisies, la crosse abbatiale engagée pour 200 écus; les fermes avaient été louées à vil prix. Marie de Beauvilliers dit elle-même à Sauval, qui le rapporte [1], que lorsqu'elle prit possession de son abbaye, les revenus n'étaient que de 2,000 livres, tandis que les dettes s'élevaient à 10,000 [2]; enfin, cette maison était dans un tel dénûement, qu'on n'y put trouver assez de meubles pour garnir la chambre de l'abbesse. Ce fut M. de Fresnes qui se chargea de ce soin; il donna de-

---

[1] *Antiquités de Paris*, t. I, p. 354.
[2] *Hist. des Ord. monast.*, t. VI, p. 317. — *Eloges de pers. illus. de l'Ord. de S. Benoît*, t. II. p. 150 et 151.

puis le lit de sa belle-sœur jusqu'aux autres ustensiles les plus indispensables ; il ajouta 5oo livres pour acheter du bois de chauffage et les choses de première nécessité. Sa libéralité ne s'arrêta pas là : il envoya aussi un grand nombre d'objets dont les religieuses manquaient, et il obtint encore du roi, pour cette maison, quelques sommes d'argent assez considérables ; grâce à ce secours on put commencer la réparation des bâtiments, qui étaient en très-mauvais état.

La disposition d'esprit des anciennes religieuses, plus encore que l'extrême pauvreté du monastère, causait de vives douleurs à l'abbesse. Madame de Beauvilliers ne trouvait d'adoucissement à ses peines que dans la société des deux sœurs qui avaient persévéré dans le devoir. L'abbaye de Montmartre était en effet tombée dans l'oubli le plus complet des règles de son ordre. La clôture n'était plus observée, l'humilité n'existait pas, les entretiens frivoles étaient habituels ; celles qui jeûnaient, et c'était le petit nombre, le faisaient à regret et parce que le manque d'argent ne leur permettait pas de suivre la vie mondaine de leurs compagnes. Pour faciliter le rétablissement des repas en commun, M. de Fresnes se chargea de fournir journellement des vivres à l'abbaye, mais les religieuses, habituées depuis longtemps à ne plus observer cet usage et à prendre leurs repas seules aux heures qui leur convenaient, ne se soumirent qu'avec une grande difficulté à ce commencement de réforme; pendant le souper elles ne voulaient ni écouter des lectures pieuses, ni garder le silence [1].

Le seul luxe de Marie de Beauvilliers consistait dans la décoration de l'église de sa maison ; elle n'acceptait de présents que pour l'ornement des autels. Fidèle au vœu de pauvreté qu'elle avait prononcé, elle ne voulait dans son appartement ni tapisserie, ni vaisselle d'argent, ni aucun objet de valeur, quelque prétexte que l'on prît pour le lui faire accep-

---

[1] *Hist. des Ord. monast.*, t. VI, p. 317 et 318.

ter, elle désirait être la plus simplement vêtue du couvent ; ses habits étaient faits de grossières étoffes ; elle disait qu'il fallait bannir entièrement la vanité du cloître et que les supérieures devaient être les premières à donner l'exemple [1].

Madame de Beauvilliers méditait sans cesse sur les moyens à employer pour remédier au désordre des religieuses dont la direction lui était confiée [2] ; elle éprouvait aussi les plus grandes difficultés à remettre en ordre les affaires temporelles du monastère, malgré tous les efforts d'avocats intelligents qu'elle avait chargés de ce soin [3].

Les sœurs de cette maison, dont un grand nombre était entièrement perverti, ressentirent un vif mécontentement de plusieurs mesures prises par l'abbesse. Il y en eut même qui atten-

---

[1] *Éloges de pers. illus. de l'Ord. de S. Benoît*, t. II, p. 181 et 182.
[2] *Ibidem*, t. II, p. 152.
[3] *Ibidem*, t. II, p. 151.

tèrent à sa vie ; pendant qu'elle était malade on lui prépara une potion empoisonnée ; aussitôt qu'elle l'eut prise, sa tête enfla d'une manière prodigieuse, son visage devint méconnaissable et elle fut en proie aux plus grandes douleurs : les médecins reconnurent la cause du mal et le déclarèrent incurable. Les religieuses venaient l'une après l'autre dans la chambre de leur supérieure pour s'informer si elle vivait encore. Mais le ciel ne permit pas le succès de cet horrible attentat [1].

Celles des religieuses que la haine aveuglait résolurent d'effectuer par le fer ce qu'elles n'avaient pu obtenir par le poison. A cet effet, des assassins furent apostés pour poignarder Marie de Beauvilliers ; mais l'un d'entre eux, pris de remords, découvrit ce criminel projet à une des sœurs fidèles à l'abbesse qui, avertie de ce complot, évita encore une fois la mort [2]. Quelque

---

[1] *Éloges de pers. illus. de l'Ord. de S. Benoît*, t. II, p. 154.
[2] *Hist. des Ord. monast.*, t. VI, p. 348.

temps après Madame de Beauvilliers fut encore l'objet d'une tentative d'empoisonnement au moyen d'une tisane d'orge qui lui fut présentée par une sœur converse ; grâce à des antidotes administrés à temps, on put sauver la vie de l'abbesse, mais elle conserva toujours une grande difficulté de respirer et de parler [1]. Marie de Beauvilliers s'opposa à toute recherche pour découvrir les auteurs de ce crime, s'abandonnant entièrement à Dieu et lui laissant le soin et la disposition de sa vie. Mais pour prévenir le retour de pareils attentats, les administrateurs du couvent exigèrent de l'abbesse qu'elle quittât le dortoir commun et qu'elle se retirât pendant la nuit dans une chambre fermée avec une double porte ; deux sœurs converses d'une fidélité éprouvée furent chargées de préparer les repas de leur supérieure, et il fut convenu que l'on surveillerait tous les mets qui lui seraient présentés [2].

---

[1] Sauval, t. I, p. 354. — *Éloges de pers. illus. de l'Ord. de S. Benoît*, t. II, p. 154 et 155.

[2] *Éloges de pers. illus. de l'Ord. de S. Benoît*, t. II, p. 155.

La jeune abbesse supportait ces tribulations avec patience et résignation, et elle ne répondait aux injures que par des bienfaits[1].

Au milieu de toutes ces afflictions, elle eut la consolation de recevoir la visite de son cousin germain le cardinal de Sourdis, qui était archevêque de Bordeaux. La présence de ce prélat, qui portait un très-vif intérêt à sa parente, fut pour celle-ci d'un grand secours. Il lui donna d'excellents conseils pour la réforme qu'elle poursuivait et ne pouvant, dans une entreprise aussi longue et aussi laborieuse, l'assister par lui-même ainsi qu'il l'aurait souhaité, il lui choisit pour directeur le père Benoît Canfeld, de l'ordre des Capucins, religieux d'un grand mérite.

Informé par le cardinal de Sourdis du désordre qui régnait dans le monastère de Montmartre, l'évêque de Paris vint en personne le visiter, il rassembla toutes les sœurs et, en

---

[1] *Éloges de pers. illus. de l'Ord. de S. Benoît*, t. II, p. 154.

présence de l'abbesse, il leur adressa une allocution sévère, et leur ordonna de mieux observer la clôture. Ces paroles furent fort mal accueillies des religieuses qui, oubliant le lieu où elles se trouvaient, donnèrent le spectacle du plus grand tumulte et firent entendre les vociférations les plus inconvenantes. A la suite de ce scandale, l'évêque promit à l'abbesse de l'assister dans son entreprise de réforme.

Marie de Beauvilliers, soutenue et guidée par son directeur, destitua de leurs emplois les religieuses qui lui étaient opposées, et les remplaça par celles qui commençaient à lui être soumises. Une garde fidèle fut préposée au service de la porte, afin que personne ne pût pénétrer dans l'intérieur du monastère sans la permission de l'abbesse. Les sœurs, révoltées de cette décision, déclarèrent que jamais elles n'obéiraient à leur supérieure ; elle l'injurièrent, et même peu s'en fallut qu'elles ne la maltraitassent.

C'est alors que le père Benoît, avant de partir

pour l'Angleterre, donna à Marie de Beauvilliers, pour directeur, le père Ange de Joyeuse qui appartenait aussi à l'ordre des Capucins. Celui-ci s'acquitta de sa tâche avec un grand zèle. Il lui fallut d'abord apprendre aux Bénédictines en quoi consistait le vœu de pauvreté ; sa douceur persuasive lui gagna bientôt une partie des cœurs et peu à peu les religieuses consentirent à modifier leur genre d'existence, à l'exception de huit seulement qui s'obstinèrent à ne pas vouloir suivre le bon exemple de leurs compagnes [1]. La réforme commença par la clôture et les repas en commun ; enfin quelques-unes des anciennes qui se montraient les plus récalcitrantes revinrent à de meilleurs sentiments, et une notable amélioration se fit remarquer dans le couvent.

En 1600, Madame de Montmartre adressa au pape Clément VIII une requête pour obte-

---

[1] *Hist. des Ord. monast.*, t. VI, p. 348 et 349. — *Éloges de pers. illus. de l'Ord. de S. Benoît*, t. II, p. 155, 156, 157 et 158.

nir la permission de choisir elle-même un visiteur pour son couvent, rompant ainsi l'association contractée à cet égard avec six autres maisons entièrement opposées à la réforme, et sans le consentement desquelles on ne pouvait rien changer. Cette affaire fut traitée avec la plus grande prudence et à l'insu de M. de Sillery, alors ambassadeur à Rome, qui avait, parmi les religieuses de Montmartre, une tante et deux cousines germaines [1]. Clément VIII, apprenant par un témoin oculaire le zèle de l'abbesse pour faire cesser les désordres du monastère de Montmartre, fut tellement touché de ce récit qu'il laissa, dit-on, échapper des larmes de joie : « Est-il possible, » s'écria-t-il, « qu'en France, où tout est perdu au sortir d'une guerre qui a causé tant de désordres dans l'état religieux, il se trouve une jeune abbesse qui ait le courage d'entreprendre la réforme d'une maison si diffamée [2] ? »

[1] *Hist. des Ord. monast.*, t. VI, p. 320.
[2] *Éloges de pers. illus. de l'Ord. de S. Benoît*, t. II, p. 159 et 160.

Immédiatement le pape donna l'ordre d'expédier un bref, par lequel il conférait plein pouvoir à Marie de Beauvilliers de réformer sa communauté et de désigner elle-même le visiteur particulier. Lorsque les sœurs de Montmartre eurent connaissance du bref pontifical, elles devinrent plus respectueuses envers leur supérieure et elles se montrèrent plus disposées à lui obéir. Depuis ce jour Madame de Beauvilliers ne cessa d'être favorisée par le pape, et fut considérée généralement comme la première réformatrice de l'ordre de Saint-Benoît en France [1].

Les Bénédictines de Montmartre portaient alors l'habit blanc, comme les chanoinesses, et par la finesse de l'étoffe et les ornements étrangers, elles en avaient fait un costume presque mondain. Vers la fête de Noël de l'année 1600, l'abbesse revêtit l'habit noir de Saint-Benoît et elle le fit prendre à celles qui voulurent bien consentir à ce changement. Aussitôt un

---

[1] *Eloges de pers. illus. de l'Ord. de S. Benoît*, t. II, p. 160. — *Hist. des Ord. monast.*, t. VI, p. 320.

grand mécontentement se produisit parmi les anciennes qui, à cette occasion, se plaignirent au cardinal de Retz, évêque de Paris, de toutes les réformes de Marie de Beauvilliers, menaçant d'en appeler à la cour comme d'abus. L'évêque fit alors prier l'abbesse de n'apporter aucune modification dans le costume de la communauté, ne voulant pas que les sœurs d'un même couvent fussent revêtues de vêtements différents. Madame de Beauvilliers, pour se conformer aux injonctions de l'autorité diocésaine, reprit l'habit blanc, mais non pas tel que ses religieuses le désiraient, car elle se revêtit d'une grosse serge de laine avec un surtout de toile commune [1].

La jeune abbesse, absorbée par tous les chagrins que lui avait fait éprouver son entreprise de réforme, avait différé de se faire bénir ; mais prévoyant que ses efforts seraient bientôt couronnés de succès, elle se décida à cette solennité.

[1] *Hist. des Ord. monast.*, t. VI, p. 321. — *Éloges de pers. illus. de l'Ord. de S. Benoît*, t. II, p. 161.

Le 7 janvier 1601, en présence d'une nombreuse assemblée, le cardinal de Sourdis donna la bénédiction à Marie de Beauvilliers ; elle avait pour assistantes ses cousines, la marquise de Sourdis et la comtesse de Sagonne ; et le père Ange de Joyeuse prononça à cette occasion un sermon dont les contemporains louent la pieuse éloquence [1].

Au commencement du XVIIe siècle, dans le but de faciliter la réforme des monastères, Henri IV consentit à se dessaisir de la prérogative qui lui appartenait de choisir les abbesses de quelques couvents, et rendit leur nomination élective et triennale. Marie de Beauvilliers réclama le même privilège en faveur de sa maison, et le roi pour lui complaire, par lettres patentes données à Paris en octobre 1602, renonça également au droit de nommer les abbesses de Montmartre [2]. Mais cette décision n'eut aucun

---

[1] *Hist. des Ord. monast*, t. VI, p. 320. — *Eloges de pers. illus. de l'Ord. de S. Benoît*, t. II, p. 160. — Cheronnet, p. 130.

[2] Sauval, t. I, p. 355. — Félibien, t. II, p. 1337. — Le Père

effet, comme on le verra dans la suite de ce récit.
Quelque temps après, deux des sœurs qui s'étaient montrées le plus contraires à leur supérieure, s'étant réconciliées avec elle, les autres ne tardèrent pas à suivre cet exemple, et dès ce moment l'abbesse put sans éprouver de difficultés, achever la réforme, qu'elle réussit enfin à établir dans son couvent[1], après plusieurs années de peines, de soins et de tribulations de toute espèce.

Lorsque la discipline extérieure du monastère fut ainsi bien réglée, Marie de Beauvilliers voulut retrancher à son tour la magnificence de son siége abbatial, qui lui était insupportable; il était surmonté d'un dais de velours et se trouvait plus élevé que le grand autel : elle le remplaça par un autre de plus simple apparence, et choisit une place plus modeste. Madame de

---

Binet, *Vie de saint Denis*, p. 263. — *Dictionnaire des arrêts ou jurisprudence universelle des parlements de France*, par Pierre-Jacques Brillon. Paris, 1727, t. I, p. 20.

[1] *Hist. des Ord. monast.*, t. VI, p. 321 et 322.

Fresnes fit alors don au couvent d'un ciboire en vermeil et d'un ostensoir enrichi de pierreries, dont elle se priva pour les offrir à Dieu[1].

Non content de tout le bien qu'il avait déjà fait à l'abbaye, M. de Fresnes, dans sa profonde dévotion pour la mémoire de saint Denis, se proposait encore d'embellir le temple consacré à ce saint; mais il n'eut pas la satisfaction de voir achever son œuvre, interrompue par sa mort arrivée en 1610. Le couvent perdait en lui un bienfaiteur et un père qui l'avait constamment aidé de sa protection, de ses conseils et de ses libéralités. Sans le concours désintéressé de cet homme de bien, il eût été impossible de relever de sa ruine une maison tombée dans le dénûment que nous avons fait connaître; aussi les sœurs, et surtout Marie de Beauvilliers, n'épargnèrent rien

---

[1] *Eloges de pers. illus. de l'Ord. de S. Benoît*, t. II, p. 167. — Ces deux objets étaient encore dans l'église de l'abbaye en 1790. Voir la *Déclaration des biens et revenus mobiliers et immobiliers de l'abbaye*. (Archives impériales.)

pour rendre à sa mémoire tous les devoirs qu'il avait droit d'attendre de leur reconnaissance. M. de Fresnes avait demandé par son testament à être enterré à Montmartre, ce qui eut lieu ; il laissa aux dames Bénédictines 334 livres de rente et 2,000 livres d'argent comptant, destinées à la fondation de deux messes qui devaient être dites chaque semaine à perpétuité, pour le repos de son âme[1].

Vers cette époque, Marie de Beauvilliers et Madame de Fresnes désirèrent élever auprès de la chapelle du Martyre un monastère de Bénédictines. Se conformant en cela aux intentions de M. de Fresnes, dans les papiers duquel on en avait trouvé le projet, Madame de Fresnes contribua puissamment à cette fondation ; elle donna 3,700 livres pour y établir dix sœurs, à la condition que l'abbesse en mettrait un pareil nombre ; le nouveau couvent devait toujours

---

[1] *Hist. des Ord. monast.*, t. VI, p. 322. — *Eloges de pers. illus. de l'Ord. de S. Benoît*, t. II, p. 171.— Le Père Binet, *Vie de saint Denis*, p. 264.

être desservi par vingt religieuses. Cette seconde communauté rapidement construite fut appelée Maison des Martyrs.

Pendant les guerres de la Ligue et le siége de Paris par Henri IV, le petit oratoire appelé Chapelle du Martyre, et qui se composait de deux chapelles, l'une supérieure et l'autre souterraine, avait tellement souffert, qu'en 1598, Marie de Beauvilliers en arrivant à Montmartre trouva les autels renversés, les murailles entr'ouvertes, la toiture enlevée, et le bâtiment encombré de débris[1].

Désirant restaurer ce lieu que l'on croyait consacré par le sang d'un si grand nombre de chrétiens, et ne pouvant subvenir à cette dépense avec les ressources du couvent, Madame de Beauvilliers s'adressa à la générosité du roi, qui lui donna 6,000 livres, et à celle du peuple de Paris, qui vint aussi à son aide avec un grand empressement. Madame de Fresnes, toujours

---

[1] Sauval, t. I, p. 352. — L'abbé Lebeuf, t. III, p. 114.

disposée aux œuvres pieuses, donna de son côté 3,400 livres, et grâce à un tel concours de libéralités, la chapelle en ruines fut entièrement réparée [1].

Ce bâtiment, construit en forme de parallélogramme, et long de neuf toises, fut considérablement agrandi. On établit un escalier pour descendre dans la chapelle souterraine, où l'on voyait une statue représentant saint Denis. Deux autres chapelles furent érigées, et dédiées, l'une à sainte Anne, et l'autre à sainte Geneviève. L'abbesse ayant fait entourer par un mur une pièce de vignes qui se trouvait entre le monastère et l'ancien oratoire, la Chapelle du Martyre, devenue alors une véritable église, se trouva ainsi renfermée dans l'enclos même de l'abbaye [2].

---

[1] Sauval, *loco citato*. — *Eloges de pers. illust. de l'Ord. de S. Benoît*, t. II, p. 172. — L'abbé Lebeuf, t. III, p. 114.

[2] *Eloges de pers. illus. de l'Ord. de S. Benoît*, t, II, p. 172. — *Suppléments des antiquités de Paris*, par D.-H.-I., avocat au Parlement; imprimés à la fin de l'édition de Du Breul de 1639,

Comme on travaillait à établir les fondations de ces nouvelles constructions, le 13 juillet 1611, les ouvriers ayant rencontré un mur à peu de distance du côté du levant, y pratiquèrent une ouverture, et l'on aperçut un escalier conduisant à une crypte souterraine, dans laquelle on retrouva les vestiges d'une ancienne chapelle[1]. Cette découverte produisit une grande sensation : on prétendait que c'était là le lieu véritable où saint Denis aimait à se retirer et à prier. Tous les auteurs qui ont parlé de Montmartre ont raconté ce fait, comme l'un de ceux qui intéressent le plus l'histoire de cette localité ; nous pensons ne pouvoir mieux faire que d'offrir à nos lecteurs le récit que nous en a donné l'historien de la vie de saint Denis, témoin contemporain de cette découverte[2].

---

p. 84. — *Hist. des Ord. monast.*, t. VI, p. 322. — Sauval, t. I, p. 352.

[1] Malingre, p. 49. — L'abbé Lebeuf, t. III, p. 114. — On voit le dessin de cette chapelle souterraine dans dom Marrier, *Hist. de Saint-Martin des Champs*. Paris, 1636.

[2] Voir Doublet, *Hist. chronologique*, p. 211-213.

« .... cette déuotieuse Dame[1], » dit Doublet, « me fit l'honneur de m'enuoyer querir a S. Denys, et estant arriué, à sa priere, je descendis en cette profonde caue ou grotte, auec vn mien Confrere nommé Louys de Berthaucourt, Tresorier de S. Denys, et depuis Prieur du Prieuré de S. Taurin, et deux Chapelains d'icelle, ayant du luminaire.

« Or je remarquay la grande antiquité du sainct lieu, la profondité, l'Autel tres-ancien de pierre non taillée d'aucun ferrement, ny autre outil, fort rude et nullement polie; iceluy non à la façon des nostres, ains tenant du triangle, tiré du fond de la roche de plastre, et sur iceluy des Croix ressentant son ancienneté tres-grande, sur lequel l'Apostre de France sainct Denys l'Areopagite celebroit la saincte Messe, où il communioit son troupeau, et se faisoit l'assemblee des Fideles pour prier Dieu en cachette, à cause de la grande rigueur de la persecution des Tyrans.

[1] L'abbesse Marie de Beauvilliers.

« Je remarquay encore par cy par là des Croix et des lettres si vsees et tant vieilles, que j'eus bien de la peine d'en tirer des demi-mots, MAR, CLEMIN, DIO, et autres demy-rongez, que je ne pus deuiner...... Pareillement je recogneus vn Escusson graué auec quelque ferrement contre la pierre, dans lequel estoient empreintes deux clefs en Croix, comme encore de present les Papes en vsent de mesme. Ce sacré lieu estoit vne cauerne et cachot pour les premiers Chrestiens qui n'osoient s'assembler que sous terre, et là enseuelissoient leurs Martyrs à la façon de Rome, dans les caues qu'ils nommoient des cryptes et catacumbes, et cauernes cachees...... mon témoignage doit estre creu et receu, ayant pour garant deux bons et fideles témoins qui ont fait les mesmes remarques. Les RR. PP. Iacques du Breüil, en ses Antiquitez de Paris, Estienne Binet de la Compagnie de IESUS en la vie de S. Denys l'Areopagite, et Ignace de Iesus-Maria, Carme Deschaussé.

« Et ne faut nullement douter que ces lettres

auoient esté escrites par les premiers Chrestiens en la roche, pour memoire et souuenance que sainct Denys l'Areopagite, et ses deux compagnons, S. Rustic et S. Éleuthere Martyrs auoient esté enuoyez par S. Clement, et les deux clefs en Croix en l'escusson, monstroient et denotoient l'authorité, la puissance, et les marques de l'Eglise Romaine, et sainct Siege Romain.

« Mais encore pour preuue, approbation et assertion de mon dire, et ce qui est sans reproche et sans contredit, c'est que Madame de Montmartre a fait faire vne descente en ladite grotte ou cauerne, par authorité de Iustice, auec vn procez verbal par deuant M. Pierre Pocher, Secretaire de la Chambre du Roy, et Preuost de Montmartre pour les Dames Religieuses, Abbesse et Conuent dudit lieu, és presences de M. François du Bray, Receueur et Procureur desdites Dames, de Maistres Iean Tesnier, Iulien Gueret et Iacques Cheualier, Prestres et Chappelains d'icelles, tant en leur Abbaye qu'en leur Chappelle des Martyrs, de Iean Gobelin Maistre Masson demeurant à Paris, rue et parroisse de S. Paul, et Adam Boissard Peintre et Sculpteur demeurant en ladite Ville de Paris, rue Paüée, parroisse de sainct Sauueur, à l'Image sainct Nicolas : aussi de plusieurs Manœuvres, où ils auroient trouué vne Cauerne prise dans le roc de plastre, tant par le haut que par les costez et circuit d'icelle. Dans laquelle Cauerne du costé de l'Orient il y a vne pierre de plastre bicornuë, au-dessus de laquelle au milieu il y a vne Croix, grauée auec vn ciseau, qui a six poulces quarrée de longueur, et demy poulce de largeur. Icelle pierre est esleuee sur deux pierres de chacun costé de moilon de pierre dure, de trois pieds de haut, appuyée contre la roche de plastre en forme d'Autel. Vers le bout de laquelle Cauerne à la main droite de l'entrée y a dans ladite roche de pierre vne Croix imprimée auec quelque poinçon ou cousteau, ou autre ferrement. Et y sont en suite ces lettres, MAR, il y a apparence d'autres qui suiuoient, mais on ne les put discerner. Au mesme costé vn peu distant de la susdite Croix, au bout de ladite

Cauerne, est encore imprimee vne autre Croix dās ladite roche de plastre. Et à la main gauche de lad. Cauerne en entrant à la distance de 24 pieds dès l'entrée s'est trouué ce mot escrit sur le roc, CLEMIN : et au costé dudit mot y auroit quelque forme de lettres imprimées dans la pierre en petites lettres auec la pointe d'vn cousteau ou autre ferrement, où il y a DIO, auec autres lettres suiuantes qui ne se peuuent distinguer, etc. Ledit procez verbal en date des an et iour que dessus, apres midy[1]. »

On pénétrait dans ce lieu par un escalier de soixante marches larges de plus de cinq pieds. Cette grotte paraissait avoir été creusée dans le plâtre; elle était haute de huit pieds et longue de quatorze toises; sa largeur, qui était de seize pieds au plus, se rétrécissait vers le midi, où elle n'en avait plus que huit : c'est dans cette dernière partie que se trouvait l'autel décrit par Doublet.

---

[1] Le procès-verbal dressé en cette circonstance se trouve dans Malingre (*Antiquités de Paris*), p. 50, et dans Du Breul (*Théâtre des antiquités de Paris*), p. 1160-1162.

La nouvelle de l'existence de cette crypte ne tarda pas à se répandre. Aussitôt de tous côtés, on accourut pour visiter ce lieu qui rappelait l'introduction du christianisme dans la ville de Paris. La reine Marie de Médicis vint elle-même au tombeau des Martyrs; à son exemple, toute la cour voulut voir l'endroit où l'on supposait que saint Denis avait prié. Les offrandes qui, à cette occasion revinrent au monastère, aidèrent puissamment Marie de Beauvilliers à achever les travaux qu'elle y faisait exécuter [1].

C'est du temps de cette abbesse que Montmartre reçut la visite de saint François de Sales [2]; les annales du couvent, comme celles des abbayes de Port-Royal et de Maubuisson, ont conservé le souvenir du passage de ce saint personnage.

Le 13 mars 1612, Henri de Gondi, évêque de Paris, entérina une requête, par laquelle l'abbesse et les dames de Montmartre alors réunies

---

[1] Sauval, t. I, p. 352. — L'abbé Lebeuf, t. III, p. 115.

[2] *Eloges de pers. illust. de l'Ord. de S. Benoît*, t. II, p. 162. — Sauval, t. I, p. 353.

dans un même avis demandaient à quitter l'habit blanc et à prendre l'habit noir. La cour de Rome ayant décidé qu'à l'avenir ce dernier costume serait porté dans le monastère, cette mesure fut adoptée sans aucune opposition [1].

La mort de Madame de Beaumont arrivée en 1614 obligea Marie de Beauvilliers, sa nièce et sa coadjutrice, à se rendre dans ce couvent; le pape lui accorda un délai de six mois, pour choisir celui des deux monastères qu'elles désirerait conserver [2]. Pendant l'absence de leur supé- les Bénédictines de Montmartre eurent une telle crainte de ne pas la voir revenir qu'elles firent vœu à saint Benoît, leur patron, de lui élever une chapelle dans l'enceinte de leur communauté, si elles étaient préservées de cette perte; promesse qu'elles se hatèrent d'accomplir dès le retour de l'abbesse. Madame de Beauvilliers, après avoir administré le monas-

[1] L'abbé Lebeuf, t. III, p. 110. — *Hist. des Ord. monast.*, t. VI, p. 322.

[2] *Eloges de pers. illust. de l'Ord. de S. Benoît*, t. II, p. 179.

tère de Beaumont pendant les six mois qui lui avaient été assignés, y renonça en faveur d'une dame de la Bourdaisière, et dans le mois d'octobre de la même année, elle revint à Montmartre, qu'elle n'avait pu se résoudre à abandonner [1].

Marie de Beauvilliers désirant affermir et conserver dans son couvent l'esprit de réforme qu'elle avait eu tant de peine à établir, et voulant apprendre aux nombreuses novices qui se présentaient pour être admises dans sa maison, quelles étaient leurs obligations, rédigea un corps de constitutions qu'elle fit imprimer, et qui a servi de modèle à un grand nombre d'abbayes de Bénédictines. Dans ce livre, Madame de Montmartre expliquait la règle sous forme de dialogue entre le maître et le disciple; et elle développait les sujets les plus propres à inspirer aux religieuses l'esprit d'ordre, d'humilité et de charité [2].

---

[1] *Gal. christ.*, t. VII, colonne 620. — *Eloges de pers. illust. de l'Ord. de S. Benoît*, t. II, p. 180.

[2] *Bibliothèque générale des écrivains de saint Benoît*, t. III,

Grâce au noviciat établi par Madame de Beauvilliers, le couvent de Montmartre était devenu une véritable école de la plus parfaite régularité. Souvent l'abbesse faisait aux jeunes filles des conférences où elle leur expliquait la règle de l'ordre, qu'elle connaissait si bien. On n'entendait plus de discours frivoles dans cette maison naguère si dissolue, et où maintenant les nouvelles du monde ne parvenaient même pas; l'esprit de pauvreté y régnait d'une manière absolue. Cependant l'abbesse n'en donnait pas moins ses soins à l'administration temporelle de son monastère. Elle faisait elle-même toutes les écritures relatives aux procès de sa maison, pour instruire les avocats [1].

---

p. 452. — *Hist. des Ord. monast.*, t. VI, p. 323. — *Eloges de pers. illust. de l'Ord. de S. Benoît*, t. II, p. 164. — Voir aussi un livre intitulé : *Conférences spirituelles d'une supérieure à ses religieuses*, par Mme de Beauvilliers, abbesse et réformatrice du monastère de Montmartre, d'après un manuscrit revu et mis en ordre par L.-G., curé de V. (Louis Gaudreau, curé de Vaugirard). Paris, 1837.

[1] *Eloges de pers. illust. de l'Ord. de S. Benoît*, t. II, p. 174.

En 1617, Henri de Gondi autorisa, sur leur demande, les dames de Montmartre à s'abstenir de viande autant que leur santé n'en souffrirait pas[1]. Cet usage existait encore dans le monastère en 1731, car nous lisons dans un recueil de *Nouvelles à la main*, que pendant le mois de janvier de cette même année, un rhume violent dont la cause fut attribuée à l'air vif que l'on respirait dans ce lieu élevé, frappa presque toutes les religieuses, dont plusieurs moururent. C'est à cette occasion que monseigneur l'archevêque de Paris permit le régime gras dans le couvent, jusqu'à ce que cette maladie eut complétement disparu.

Le 7 juin 1622, à la prière de Marie de Beauvilliers et de Madame de Fresnes, l'évêque de Paris érigea la Maison des Martyrs en prieuré régulier dépendant du monastère, sous les mêmes titre et invocation de saint Denis et de ses compagnons. La nomination de la prieure, la

---

[1] Sauval, t. I, p. 355.

collation du bénéfice et les autres droits devaient appartenir à l'abbesse [1]. La communauté de Montmartre fut alors partagée en deux maisons différentes, ayant chacune leur prieure particulière; celle du monastère dit *d'en haut* qui, en cas de besoin, remplaçait l'abbesse, tenait le premier rang dans les assemblées communes, et celle du nouveau couvent occupait le second [2].

Madame de Fresnes mourut en 1636, et sur sa prière, elle fut enterrée dans l'église du prieuré. On y lisait les deux épitaphes composées en latin de M. et de Madame de Fresnes [3].

En 1622, la duchesse de Guise, dont la fille fut depuis abbesse de Montmartre, avait fait construire à ses frais une longue galerie cou-

---

[1] Sauval, t. I, p. 352. — L'abbé Lebeuf, t. III, p. 115 et 116. — *Gal. christ.*, t. VII, colonne 620.

L'évêque de Paris donna à Madame de Fresnes le titre de fondatrice du prieuré, qui depuis fut confirmé par le pape Grégoire XV. (Père Binet, p. 293.)

[2] *Règlements des offices de l'abbaye royale de Montmartre*. Paris, 1671, p. 5 et 6.

[3] On trouve ces épitaphes dans la *Franc. conv.*, p. 62.

verte, au milieu de laquelle on avait établi une chapelle dédiée à Notre-Dame de Lorette. Les religieuses pouvaient ainsi franchir à l'abri des injures du temps la longue distance qui séparait le prieuré de l'abbaye[1]. C'est à cette époque que la toiture de l'église du prieuré fut remplacée par un dôme[2].

Cette église était un lieu de dévotion assidûment fréquenté par les parisiens[3]. Plusieurs papes, par des bulles expresses, exhortaient « les Princes et les Fidèles .... de visiter la Chappelle bâtie et dédiée à l'honneur des SS. Denys, Rustic et Eleuthère sous la Montagne des Martyrs, proche de Paris ; au lieu même où ils ont souffert, et répandu leur Sang pour la sainte Foy. » Et des indulgences avaient été attachées à ce pèlerinage[4]. Les nonces du pape,

---

[1] *Franc. conv.*, p. 68. — L'abbé Lebeuf, t. III, p. 115. — *Supplément des antiquités de Paris*, suite de Du Breul, p. 84.

[2] L'abbé Lebeuf, t. III, p. 116.

[3] Sauval, t. I, p. 352.

[4] *Franc. conv.*, p. 49 et 50.

dès leur arrivée, ne négligeaient jamais de se rendre dans ce lieu. De nombreux prêtres y venaient célébrer la messe, principalement durant l'octave de saint Denis, fête pendant laquelle chaque jour les prédicateurs les plus éloquents s'y faisaient entendre. Les curés de Paris et des environs venaient aussi en pèlerinage à Montmartre, où tous les ans le chapitre de Notre-Dame faisait une procession solennelle. Aucun prélat de France ne prenait possession de son évêché avant d'être venu prier sur le sol que l'on croyait avoir été sanctifié par le martyre de saint Denis [1].

Dans l'église du prieuré on voyait les inscriptions suivantes : HIC LOCUS SACRIFICII. SANGUIS MARTYRUM. SEMEN CHRISTIANORUM [2]. Ces deux dernières se lisent aujourd'hui dans l'église Saint-Pierre de Montmartre.

On venait de toutes parts pour visiter l'église

---

[1] *Franc. conv.*, p. 61 et 62.
[2] *Ibidem*, p. 64.

du prieuré, où il y avait plusieurs chapelles richement ornées, parmi lesquelles était une crypte souterraine en l'honneur de saint Sébastien [1].

Le maître-autel surtout était d'une richesse qui ne le cédait à aucun de ceux des églises de Paris [2].

Marie de Beauvilliers était abbesse, lorsque Jean-François de Gondi, archevêque de Paris, fonda, dans l'église du prieuré, la Royale Confrérie de saint Denis, dont le pape Grégoire XV confirma l'institution. Aussitôt le roi Louis XIII, le cardinal de Richelieu, les plus grands seigneurs, ainsi qu'un grand nombre de personnes de toute condition s'empressèrent de s'y faire agréger [3]. Plus tard on joignit à cette Confrérie la Compagnie du *Salutaire entretien* [4].

---

[1] *Eloges de pers. illus. de l'Ord. de S. Benoît*, t. II, p. 172.

[2] *Supplément des antiquités de Paris*, suite de Du Breul, p. 84.

[3] *Franc. conv.*, p. 59 et 60.

[4] *Ibidem*, p. 60.

Le 16 octobre 1643, la reine Anne d'Autriche conduisit à Montmartre le jeune roi Louis XIV, dont elle fit inscrire le nom sur le livre de la Confrérie de saint Denis [1].

Pendant tout le temps que dura la Fronde, quoique Montmartre se soit souvent trouvé entre les armées du roi et celles des princes, l'abbaye fut toujours respectée des deux partis [2].

Ce fut encore sous l'administration de Madame de Beauvilliers qu'eut lieu sur les terres du monastère la fondation de deux nouvelles chapelles, l'une aux *Porcherons* et l'autre à *la Nouvelle France*.

A cette époque on désignait sous le nom de *Nouvelle France* tous les terrains qui se trouvent entre les anciens boulevards extérieurs de Rochechouart et Poissonnière et les rues du faubourg Poissonnière, des Martyrs, Montholon et Lamartine. Vers 1650 environ, la rue actuelle du Faubourg Poissonnière était appelée *chaussée de*

---

[1] *Franc. conv.*, p. 65.
[2] *Éloges de pers. illus. de l'Ord. de S. Benoît*, t. II, p. 177.

la Nouvelle France [1]. Ce hameau relevait de la juridiction des dames de Montmartre [2]. Dans l'année 1648, Louis XIV donna à la *Nouvelle France*, qui commençait à se peupler, le nom de faubourg *Sainte-Anne* [3]. On remarquait encore, en 1791, la barrière Sainte-Anne qui avait été construite, en 1645, à l'entrée de ce faubourg, et à laquelle on avait donné le nom de la mère de Louis XIV [4].

En 1655, Roland de Bure, marchand de Paris, eut la pieuse pensée de faire élever sur un terrain qu'il possédait entre les rues Montholon

---

[1] Bibliothèque impériale (Estampes). — Archives de l'Hôtel-de-Ville. — *Registres paroissiaux de Montmartre.* — Jaillot, 1773, t. III, Neuvième quartier, Saint-Denis, p. 4. — Voir le *Dictionnaire administratif et historique des rues et monuments de Paris*, par Louis Lazare et Félix Lazare, p. 641.

[2] L'abbé Lebeuf, t. III, p. 120. — *Arrêt du Parlement de Paris*, du 3 août 1723. — *Règlements de la paroisse de Montmartre* 1662. — *Registres paroissiaux*, à la date du 28 juillet 1710.

[3] Jaillot, t. II, Neuvième quartier, Saint-Denis, p. 4.

[4] Municipalité de Paris, administration des biens ecclésiastiques, bureau de féodalité n° 63. 10 janvier 1794. (Archives de l'Hôtel-de-Ville.)

et Papillon, presque en face l'emplacement ou depuis on a bâti la caserne des gardes françaises, qui sert aujourd'hui de quartier d'infanterie, une chapelle sous l'invocation de sainte Anne et de saint Denis. L'abbesse de Montmartre donna son assentiment à l'accomplissement de ce projet. Cet édifice, dont la première pierre fut posée dans le mois de mai 1656, fut consacré le 27 juillet 1657, et, le 11 août suivant, l'archevêque de Paris permit d'y célébrer l'office divin, mais sous la condition expresse que le curé de Montmartre serait reconnu pour pasteur [1].

On donnait le nom de *Porcherons* à un autre hameau contigu à la butte Montmartre, et auquel appartenait une portion des rues Saint-Lazare et des Martyrs. La rue de la Chaussée-d'Antin était alors appelée *Chemin* ou *Route des*

---

[1] Jaillot, t. II, Neuvième quartier, Saint-Denis, p. 4. — *Registres paroissiaux* (chapelle Sainte-Anne), à la date du 10 mai 1656. — Bibliothèque impériale (Estampes). La chapelle Sainte-Anne a été remplacée par l'église de Saint-Vincent de Paul.

Porcherons. On trouvait dans ce quartier un grand nombre de bals publics et autres établissements de plaisir. Quelquefois même les musiciens des Porcherons venaient se faire entendre dans le monastère de Montmartre à l'occasion de la fête de l'abbesse [1].

Les habitants des *Porcherons* et des paroisses de Saint-Eustache et de Montmartre avaient obtenu de Jean-François de Gondi, archevêque de Paris, la permission de construire une chapelle sous l'invocation de *Notre-Dame de Lorette*. Ce modeste oratoire, annexe de l'église de Montmartre, était situé rue Coq-Henard ou Coquenard, aujourd'hui rue Lamartine, près de la rue des Martyrs; on le désignait aussi sous le nom de *Notre-Dame des Porcherons*.

Le 13 juillet 1646, l'archevêque de Paris institua la Confrérie *des Porcherons*: « Vûe, » dit-il, « la Requeste à Nous presentée par les Habitans

---

[1] Extrait du *Registre de la dépense de l'abbaye*, commencé le 1er mars 1779, et fini le 28 février 1789, à la date du 26 août 1785 (Archives de l'Hôtel-de-Ville).

des Porcherons, des Paroisses St-Eustache et de Montmartre; par laquelle ils Nous remontrent que ci-devant Nous leur aurions permis de faire construire une Chapelle sous l'invocation de Notre-Dame de Lorrette, dans le détroit de ladite Paroisse de Montmartre, pour y recevoir les Sacremens en cas de necessité, et autres assistances et consolations spirituelles; en laquelle Chapelle ils desireroient avoir une Confrairie sous le titre et invocation de Notre-Dame de Lorrette, dont la Fête échet le jour de la Nativité de la Vierge, et y faire le même jour et les autres Fêtes de la Vierge, le Service solemnel à haute voix, même la Messe d'icelle tous les Dimanches de l'année. Vûe la declaration des Curés de St-Eustache et de Montmartre, par laquelle ils consentent ladite Confrairie être instituée dans ladite Chapelle, à la charge que les Confreres ne pourront faire chanter la Messe à haute voix sinon les jours et Fêtes de la Nativité de la Vierge et autres Fêtes de la Vierge seulement ; qu'on n'y fera point d'eau benite ; qu'il ne sera point offert de pain beni que lesdits jours. Nous leur permettons de s'assembler les Fêtes de la Vierge en ladite Chapelle selon la declaration desdits Curés. Donné à Paris le treizième Juillet 1646[1]. »

Marie de Beauvilliers déjà parvenue à un âge très avancé, et voyant sa fin approcher, passa la dernière année de sa vie dans les exercices de piété, la lecture et la méditation des textes religieux; elle ne s'occupait plus que de son salut. Elle disait à ses religieuses, qui étaient sans cesse en prières pour demander à Dieu la conservation de leur abbesse : « Hélas ! mes filles, que fais-je en ce monde? ne m'empêchez pas d'aller à Dieu ». Ne voulant pas recevoir la communion dans son lit, deux jours avant sa mort, la pieuse femme se fit conduire à la chapelle du couvent, mais elle se trouvait dans un tel état de faiblesse, qu'à chaque instant on craignait qu'elle n'expirât dans le trajet. Elle rendit

---

[1] Sauval, t. III, p. 203. — *Réglements de la paroisse, en* 1662. Lettres de M. Castelan, curé de Montmartre, des 5, 7, 11 et 14 mars 1791 (Archives de l'Hôtel-de-Ville).

son âme à Dieu, le 21 avril 1657, après avoir reçu les derniers sacrements, et en prononçant les noms du Christ et de la Vierge[1]. Ainsi, mourut l'abbesse Marie de Beauvilliers, après avoir opéré la réforme de son monastère et l'avoir administré pendant près de soixante ans, prêchant les religieuses moins encore par ses paroles que par son exemple. Elle avait alors quatre-vingt-trois ans [2].

Son corps resta trois jours exposé ; un grand concours de monde se porta à Montmartre pour contempler les traits de l'abbesse défunte. Elle avait demandé à être enterrée dans une simple bière, comme la dernière des sœurs, et sans aucun apparat [3].

Toute sa vie, Marie de Beauvilliers, avait professé une grande vénération pour la mère de

---

[1] *Eloges de pers. illus. de l'Ord. de S. Benoît*, t. II, p. 184. — *Ecrivains de saint Benoît*, t. III, p. 452.

[2] *Hist. des Ord. monast.*, t. VI, p. 323. — *Ecrivains de saint Benoît*, t. III, p. 452. — Voir l'Appendice (B).

[3] *Eloges de pers. illus. de l'Ord. de S. Benoît*, t. II, p. 183 et 184.

Dieu ; elle avait mis sa maison sous sa protection particulière, et elle avait fait placer au milieu du chœur, dans son siége abbatial, une statue qui représentait la Vierge tenant une crosse dans sa main, voulant dire par là aux religieuses du couvent qu'elles devaient la considérer comme étant leur véritable abbesse [1].

Elle avait en outre une grande dévotion pour l'illustre martyr de Paris; aussi déployait-elle une grande magnificence, lors de la procession septennaire des religieux de Saint-Denis, dont il nous paraît opportun de parler ici [2].

L'origine de cette cérémonie remonte aux premiers temps de la monarchie française. Dagobert Ier, fondateur de l'abbaye de Saint-Denis, avait obligé à perpétuité les moines de ce monastère à porter tous les sept ans processionnellement le chef de leur saint patron à Montmartre, où une messe solennelle en l'honneur du premier

---

[1] *Eloges de pers. illus. de l'Ord. de S. Benoît*, t. II, p. 176.
[2] *Ibidem*, t. II, p. 183.

évêque de Paris et de ses compagnons, devait être célébrée dans la chapelle du martyre, élevée, disait-on, au lieu même de leur supplice; les autres années, les paroisses d'Aubervillers, de la Cour-Neuve, de Saint-Ouen, de Pierrefite, de Stains et de La Chapelle, recevaient la visite de ces religieux. Parmi toutes ces processions, celle de Montmartre avait toujours tenu le premier rang, et lorsque les six premières furent supprimées, elle fut seule conservée, et s'est reproduite sans interruption jusqu'en 1789. Cette solennité avait lieu au commencement du mois de mai, entre les fêtes de Pâques et de la Pentecôte, le jour de saint Jacques ou de saint Philippe. On choisissait ordinairement un dimanche ou un jour férié, afin que la plus grande partie du peuple de Paris et des environs pût jouir de ce pieux spectacle, auquel on accourait en foule. Cette fête religieuse était annoncée au public par des affiches quelques jours auparavant[1].

[1] *Franc. conv.*, p. 47. — L'abbé Lebeuf, t. III, p. 111. — Doublet, *Hist. chronologique*, p. 528. — Voir l'Appendice (C.)

Par la bonne direction de Marie de Beauvilliers, le monastère de Montmartre devint, après l'abbaye de Saint-Denis, le plus important et le plus riche du diocèse de Paris, et un des plus célèbres de l'ordre de saint Benoît. Pendant la longue carrière de Madame de Beauvilliers, ses travaux et la pureté de sa vie lui avaient acquis une si grande célébrité, que plusieurs couvents de France désirant aussi embrasser la réforme, lui demandaient des avis, et s'estimaient heureux de pouvoir obtenir pour les diriger des supérieures formées sous sa direction. Sur deux cent vingt-sept jeunes filles, auxquelles elle a donné le voile pendant qu'elle administrait l'abbaye de Montmartre, plus de cinquante ont été appelées à réformer, établir ou diriger des maisons de l'Ordre de saint Benoît [1].

Marie de Beauvilliers pratiquait la charité au plus haut degré; lorsque sa maison manquait

---

[1] *Hist. des Ord. monast.*, t. VI, p. 321, 322 et 323. — *Ecrivains de saint Benoît*, t. III, p. 452. — *Eloges de pers. illus. de l'Ord. de S. Benoît*, t. II, p. 175.

de ressources, souvent elle donnait son pain aux pauvres. Elle consolait ses religieuses dans leurs afflictions, les assistait pendant leurs maladies les plus graves, et lorsque son grand âge ne lui permit plus de les visiter, elle s'en informait toujours avec la plus vive sollicitude[1].

Sur la tombe de Madame de Beauvilliers, placée dans la chapelle du monastère, on lisait cette épitaphe, qui est un simple et éloquent résumé de sa pieuse vie :

A LA BENITE MEMOIRE
DE LA TRES-RELIGIEVSE DAME
MARIE DE BEAVVILLIERS
DE SAINT-AIGNAN.

Elle fut élevée dès l'âge de sept ans dans l'Abbaye du Perray, à dix le Roy Henry III. luy en donna la provision. A seze, elle fit Profession dans l'Abbaye de Beaumont lez-Tours. A vingt-deus Henry IV. la pourveut de celle de Mont-Martre ; laquelle elle a sagemant et saintemant gouvernée jûqu'à l'âge de LXXXIV. ans, que Dieu a couronné sa vieillesse et ses merites.

Cete Sainte Montagne luy doit l'accroissemant de sa gloire : Ce Royal Monastere, sa Reforme ; qui étant la

[1] *Eloges de pers. illus. de l'Ord. de S. Benoît*, t. II, p. 175.

premiere en France, a servi de modele à toutes les Religieuses Benedictines. Le Convant des Martyrs, sa structure : les Filles Pénitantes, leur rétablissemant : Paris, le renouvellemant de sa deuotion vers son premier Apôtre S. Denys et ses illustres Compagnons : deus cent vingt-sept Filles le voile de la Profession Monastique, qu'elle leur a donné : le Monastere de la Ville-l'Evêque, son institution : le Val de Grace, les premieres ferveurs de la B. M. Marguerite d'Arbouse ; plusieurs autres Maisons de l'Ordre, leur instruction, par l'envoy qu'elle y a fait de ses Religieuses de Mont-Martre.

Son humilité méprisant toutes les vanitez du Monde, la ferveur de ses dévotions, l'amour de la pauvreté et de la pureté en son plus haut lustre ; le zele de la gloire de Dieu, du bien de l'Église, et du salut des Ames : son ardeur pour la Reforme de tous les Ordres Reguliers : l'estime qu'ont fait de son esprit et de sa vertu les plus grands Personnages de son siecle ; nous font conserver la memoire d'une si digne Abbesse en odeur de benediction. Et les genereus sentimans de tres-illustre et Religieuse Princesse Françoise-Renée de lorraine, qui d'Abbesse de S. Pierre de Rheims a bien voulu être sa Coadjutrice l'espace de quatorze ans ; luy a fait dresser ce monumant pour marque de sa pieté, l'edification de la postérité, et la consolation de ses Filles.

Requiescat in pace

A Ω '

' *Franc. conv.*, p. 55, 56 et 57.

CHAPITRE V.

Administration de Mesdames Françoise-Renée de Lorraine, de Marie-Anne de Lorraine d'Harcourt, de Bellefond, de Rochechouart, de Latour-d'Auvergne et de Larochefoucauld. — Juridiction civile du monastère, *for aux dames.* — Louis XIV et Louis XV à Montmartre. — Siége de l'abbaye transporté au prieuré. — Construction d'un obélisque destiné à déterminer le méridien de l'Observatoire de Paris.

Françoise-Renée de Lorraine était abbesse de Saint-Pierre de Reims, lorsque dans un voyage qu'elle fit à Paris, elle eut l'occasion de rencontrer Madame de Montmartre, qui désirant conserver intacte dans son couvent la discipline qu'elle y avait si laborieusement établie, la pria avec instance de vouloir bien être sa coadjutrice. Madame de Lorraine se rendit aux sollicitations de Marie de Beauvilliers, et quelque temps après, en 1646, elle renonça à la dignité d'abbesse pour celle de coadjutrice qu'elle exerça pendant plus de douze ans.

Lorsque Marie de Beauvilliers fut morte, Françoise-Renée de Lorraine fit rendre à sa devancière les plus grands honneurs funèbres, et elle se voua au maintien de l'œuvre accomplie par elle [1]. Le 24 mai 1657, Françoise de Lorraine fut reçue abbesse par le cardinal Antoine Barberin, grand aumônier de France et archevêque de Reims; plusieurs prélats parmi lesquels on cite les évêques de Limoges, de Montauban et de Constance, plusieurs abbesses, toute la cour, ainsi qu'un grand nombre de princes et de princesses assistaient à cette cérémonie [2].

Cette même année, pendant le siége de Dunkerque, Louis XIV ayant été atteint d'une grave maladie, qui mit sa vie en danger, la reine mère recommanda son fils à l'intercession de saint Denis, patron de la France et aux

[1] *Gal. christ.*, t. VII, colonne 624. — *Franc. conv.*, p. 68.
[2] Voir l'Appendice (D).

prières des dames de Montmartre. Lorsque le roi fut rétabli et aussitôt après son retour à Paris, il vint le jour même de la fête de saint Denis entendre la messe dans l'église du prieuré [1]. Voulant témoigner aux Bénédictines sa reconnaissance pour leurs prières, aux mérites desquelles il attribuait sa guérison, Louis XIV fit restaurer la chapelle souterraine de cette église, et on plaça à l'entrée deux inscriptions, datées de 1659, qui devaient perpétuer la mémoire de cet événement [2].

Nous allons faire connaître quelques uns des droits les plus importants concédés en matière civile au couvent de Montmartre.

Les rois Louis VI et Louis VII, en 1134 et 1153, avaient donné à ce monastère le droit de haute, moyenne et basse justice [3]. Cette importante juridiction connue sous le nom de *for aux*

---

[1] *Franc. conv.*, p. 65 et 66.
[2] Ces inscriptions se trouvent dans la *Franc. conv.*, p. 66 et 67.
[3] Extrait d'un *Mémoire adressé à Louis XV par les dames de Montmartre en* 1770. (Archives de l'Hôtel-de-Ville.)

dames (*forum dominarum*)[1], où ressortissaient les appellations des prévôtés de Montmartre, de Boulogne, de Bourg-la-Reine, de Boissy et d'Herbeauvilliers, s'étendait jusques au milieu de Paris. C'est ainsi que la grande boucherie, située près du grand Châtelet, de nombreux étaux, boutiques, échoppes et dépendances, plus un grand nombre de maisons des rues environnantes relevaient de la justice et bailliage du *for aux dames*[2].

Cette haute justice tenait ses audiences et avait sa prison dans une maison située au bout d'une impasse de la rue de la Heaumerie; dans un des cachots, on voyait une chaîne qui avait, disait-on, servi à garrotter saint Denis, pendant sa captivité, et cette relique, plus ou moins authentique, attirait un grand concours de pèlerins

---

[1] Voir Émile de Labédollière, *le Nouveau Paris, histoire de ses vingt arrondissements*, Paris, p. 277.

[2] *Supplément des antiquités* de Du Breul, p. 75. — *Lettres patentes* de Louis XIV, du 14 avril 1676. (Archives de l'Hôtel-de-Ville.)

et de curieux [1] ; cet endroit était aussi désigné sous le nom de *Croix du Triouer*, parce qu'une croix avait été élevée en ce lieu où l'on croit que se triaient les animaux dont le marché se tenait à peu de distance, près de la rue des Bourdonnayes [2].

Ce bâtiment, qui se trouvait dans un des quartiers alors les plus fréquentés de Paris, était obscur, malsain et peu propre à loger des prisonniers. La chapelle qui se trouvait au troisième étage, dans l'épaisseur des murs, n'était pas convenable pour l'exercice du culte. Pour satisfaire aux plaintes des détenus, et conformément à un arrêt du parlement à la date du 14 avril 1660, le célèbre Fouquet, alors procureur général, ordonna une visite de ces lieux et fit procéder à une enquête, dont il fut dressé procès-verbal en présence d'un substitut. Sur le rapport fait par le conseiller Guillaume Hébert, la cour or-

---

[1] Voir la *Gazette des tribunaux* du 8 avril 1841.
[2] Guillebert de Metz, p. 20.

donna à l'abbesse de Montmartre de faire réparer ladite maison dans le plus bref délai, et d'établir la chapelle dans un autre local ; en vertu du même arrêt, en attendant l'achèvement des réparations prescrites, les cachots furent fermés, les prisonniers qu'ils contenaient furent incarcérés ailleurs par le lieutenant criminel de robe courte, et défense fut faite d'enfermer à l'avenir dans cette prison des gens qui n'appartiendraient pas à la justice de l'abbaye de Montmartre [1].

Déjà cette juridiction avait été attaquée par les agents royaux. Mais en vertu d'une sentence du 23 février 1589, les conseillers du roi en la justice du trésor, après un examen mûrement et consciencieusement étudié de toutes les pièces établissant les droits des dames de Montmartre, avaient maintenu et conservé l'abbesse dans ses prérogatives contre le procureur

---

[1] *Arrêt du Parlement de Paris des 14 avril et 14 juin 1660.* Voy. Dom Félibien, t. V, p. 167, 168 et 169.

du roi, qui demandait la réunion de cette haute justice au domaine de l'État[1]. Enfin Louis XIV, par un édit de février 1674, enleva définitivement aux religieuses de Montmartre les droits qu'elles possédaient dans les divers quartiers et faubourgs de Paris, et décida que désormais ces juridictions relèveraient du Châtelet. Le même édit supprimait la justice du *for aux dames*, et transférait le bailliage de l'abbaye à Montmartre avec tous les priviléges dont il avait joui précédemment.

La suppression du *for aux dames* fut pour le monastère un véritable dommage. Cette justice était exercée par un bailli, un lieutenant, un procureur fiscal, un greffier et deux sergents. Les dames de Montmartre, qui ne vendaient pas ces offices, ainsi que le faisaient les autres seigneurs, les donnaient comme récom-

---

[1] *Copie collationnée d'une sentence* rendue par les conseillers du roi en la justice du trésor le 23 février 1589. (Archives de l'Hôtel-de-Ville.)

pense, et presque comme gages à ceux qu'elles employaient pour leurs affaires, ce qui les allégeait de beaucoup de dépenses et de frais; par la réunion de leur justice au Châtelet, elles furent privées non-seulement de ces avantages, mais de tous les droits qui, sous les noms de déshérences, bâtardises, confiscations, profits, émoluments, amendes, etc., appartenaient aux grands justiciers [1].

Lorsque l'abbaye eut acquis la seigneurie de Clignancourt, la prévôté de ce lieu, qui primitivement appartenait aux religieux de Saint-Denis, fut réunie à celle du monastère. Alors ces deux justices n'en formèrent plus qu'une seule sous le titre de *Prévôté de Montmartre et de Clignancourt*, relevant du bailliage du *for aux dames*. Plus tard cette justice fut supprimée, et fut remplacée par le bailliage du *for aux dames*, dont le siége, conformément à l'édit de

---

[1] *Lettres patentes* de Louis XIV du 14 avril 1676. (Archives de l'Hôtel-de-Ville.)

février 1674, avait été transféré de Paris à Montmartre[1].

Le bailli et le prévôt faisaient des ordonnances, et prenaient des arrêtés concernant la voirie et les inhumations dans le cimetière de la paroisse, l'entretien des fontaines, des lavoirs et des abreuvoirs ; ils surveillaient l'exécution de ce qu'ils avaient prescrit, et condamnaient les contrevenants à l'amende[2]. La mai-

---

[1] *Déclaration des biens et revenus de l'abbaye.* (Archives impériales.) — L'abbé Lebeuf, t. III, p. 121 et 122.

Les appels des jugements du bailliage de Montmartre ressortissaient immédiatement à la cour du Parlement, comme cela avait lieu pour l'abbaye de Saint-Denis. *Lettres patentes de Louis XIV du 14 avril 1676.* (Archives de l'Hôtel-de-Ville.)

On lit dans les *Registres paroissiaux de Montmartre* : « (1636), 19ᵉ octobre, a esté *inhumé*, en l'église, Geneficfve Normand, femme de M. Martin Lesueur, *procureur fiscal de Clignancourt.* »

On trouve encore plus loin : « (1644) M. Guillaume Périer, *lieutenant de Clignancourt.* »

« (1646) M. Martin Lesueur, *greffier de Clignancourt.* »

« (1660) M. Nicolas Bailly, *procureur fiscal de Clignancourt.* »

[2] Extrait *des registres du greffe de la prévôté de Montmartre*, 20 juin 1764. (Archives de l'Hôtel-de-Ville.) — *Registres paroissiaux* à la date du 14 septembre 1770.

son du bailliage de l'abbaye se trouvait près de l'impasse, appelée depuis et encore aujourd'hui *Cour du pressoir;* un petit bâtiment composé d'un rez-de-chaussée, dans lequel on entrait par la cour de l'église paroissiale, servait de prison.

Les officiers du Châtelet, en raison de l'édit de février 1674, se croyant autorisés à interdire au bailliage de Montmartre l'exercice de la justice, le 20 février 1675, cassèrent, sous prétexte de nullité, une sentence rendue par le bailli du lieu, lui ordonnant de justifier du droit qu'il prétendait avoir à cet égard, avec défense jusque-là d'exercer aucune juridiction dans la prévôté de Montmartre. Les dames de l'abbaye ainsi privées de leur haute juridiction, qui jamais, disaient-elles, n'avait relevé du Châtelet, réclamèrent contre ce jugement. D'après un arrêt du conseil d'État, Louis XIV ne voulant pas amoindrir les priviléges accordés par ses prédécesseurs au monastère de Montmartre, et interprétant son édit de février 1674, donna à

Saint-Germain-en-Laye, le 14 avril 1676, de nouvelles lettres-patentes, contre-signées par Colbert. Il y déclarait que cet édit n'avait point eu pour but de supprimer les hautes justices des paroisses et des prévôtés de Montmartre, de Boulogne-sous-Saint-Cloud, ainsi que des autres lieux soumis à l'autorité des dames du couvent, mais seulement le bailliage du *for aux dames* et la justice qui leur appartenaient dans la ville et dans les faubourgs de Paris. En conséquence, il maintenait et gardait sa « chère cousine » l'abbesse de Montmartre et ses religieuses en la possession de tous leurs droits sur les prévôtés de Montmartre, de Boulogne et des autres lieux hors Paris et ses faubourgs. Cette juridiction devait être exercée par les officiers de l'abbaye, ainsi que cela avait lieu avant l'édit de réunion de 1674 : le roi voulait que le siége de ces hautes justices, qui était auparavant au *for aux dames*, fût à l'avenir en l'auditoire de Montmartre, où ressortiraient désormais les appellations des prévôtés de Boulogne et des autres lieux dépendants de l'abbaye. En vertu de ces lettres-patentes les dames du couvent devaient continuer à recevoir les censives, rentes et autres droits seigneuriaux, qui leur étaient dus sur les maisons et héritages situés dans Paris et dans ses faubourgs, sans que les officiers et juges du Châtelet pussent troubler leurs officiers dans la perception de ces droits. Pour indemniser les religieuses de Montmartre de la valeur des offices et des autres revenus de justice dont les privait l'édit cité plus haut, le roi céda et transporta à l'abbaye toutes les prérogatives appartenant au domaine royal, en conséquence des édits et déclarations déjà donnés par lui pour l'établissement des droits seigneuriaux sur les échanges.

Le 26 août, une copie de ces lettres patentes, auxquelles les dames de Montmartre avaient acquiescé, dans une requête adressée au parlement le 14 juillet précédent, fut délivrée aux membres composant le tribunal du nouveau Châtelet pour qu'ils eussent à s'y conformer exactement¹. Cependant, malgré l'édit du 14 avril 1676, et nonobstant plusieurs arrêts du Parlement, qui défendaient à la justice du Chatelet d'inquiéter les Bénédictines de Montmartre dans leur juridiction, celles-ci furent souvent tourmentées par les officiers du Châtelet, toujours désireux de leur ôter les droits qui leur restaient².

Les *Registres paroissiaux*, à la date des 27 avril et 6 juin 1675, nous apprennent qu'à cette époque une duchesse de Toscane se retira avec les officiers de sa maison à Montmartre, où elle avait fait construire un château près du prieuré.

Après avoir sagement administré le couvent de Montmartre pendant vingt-cinq années, Françoise-Renée de Lorraine mourut le 4 décembre

---

¹ Extrait *des lettres patentes de Louis XIV*, du 14 avril 1676, et *des registres du Parlement* à la date du 1ᵉʳ avril 1677. (Archives de l'Hôtel-de-Ville.)

² Extrait d'un *Mémoire adressé à Louis XV* par les dames de Montmartre en 1770. (Archives de l'Hôtel-de-Ville.)

1682, à l'âge de soixante-deux ans. Elle fut inhumée dans la cour du prieuré [1].

Mademoiselle de Guise, sœur de l'abbesse, avait fait élever les belles murailles qui entouraient l'enclos du monastère [2].

Madame de Lorraine fut remplacée par Marie-Anne de Lorraine d'Harcourt, fille de François, prince de Lorraine, comte d'Harcourt et de Madame Anne d'Ornano [3]. Son éducation avait été confiée à l'abbesse défunte, sa parente, devenue religieuse à l'âge de dix-huit ans; elle avait déjà édifié sa communauté par son mérite et la précocité de ses vertus [4].

Nous avons déjà dit que l'abbaye de Montmartre était divisée en deux monastères, renfermés dans une même enceinte. La maison

[1] Voir l'Appendice (E).
[2] *Franc. conv.*, p. 69.
[3] *Gal. christ.*, t. VII, colonne 622. — On compte plusieurs maréchaux et amiraux appartenant à l'illustre famille d'Harcourt. P. Anselme, t. VI, p. 636 ; t. VII, p. 675 ; t. VIII, p. 33. — La noble famille d'Ornano était originaire de la Corse. *Ibidem*, t. VII, p. 391, 392 et 393.
[4] Cheronnet, p. 142.

conventuelle, résidence de l'abbesse, était située sur le haut de la butte, et le prieuré se trouvait à mi-côte de la colline, sur le versant qui descendait à Paris. Les inconvénients résultant de l'existence simultanée de deux supérieures pour une même maison s'était souvent fait sentir; Françoise-Renée de Lorraine avait conçu le projet de réunir toutes ses religieuses dans le prieuré. Louis XIV venant en aide à son dessein fit ajouter de nouvelles constructions à celles qui existaient déjà, et un nouveau monastère fut bientôt en état de recevoir la communauté tout entière. Sur la demande de l'abbesse, le 12 août 1681, M. de Harlay, archevêque de Paris, avait autorisé les Bénédictines *d'en haut* à venir habiter le prieuré et à y transporter les reliques que renfermait leur couvent. Mais ce fut seulement sous l'administration de Madame d'Harcourt, que toutes les sœurs de Montmartre abandonnèrent la maison, qui depuis cinq cent cinquante ans était le principal siége de cette communauté, et se trouvèrent rassemblées dans la nouvelle abbaye. La chapelle de l'ancien monastère fut alors réunie à l'église paroissiale, dont elle resta néanmoins séparée par une grille, pour le cas où les Bénédictines qui devaient observer la clôture viendraient y remplir leurs devoirs religieux. Les lieux réguliers et le cloître furent abattus ; plusieurs bâtiments furent mis en location, et les autres servirent à déposer les grains et les fourrages ainsi que le matériel servant à l'exploitation des terres de l'abbaye ; on y logea les gens de service, et on y établit une infirmerie pour les cas de maladie contagieuse. C'est probablement à cette époque que la ferme des dames de Montmartre, qui était à Clignancourt, fut abandonnée et remplacée par une partie des bâtiments que les religieuses venaient de quitter. Vers le milieu du siècle dernier, on voyait encore près du cimetière de la paroisse la porte de l'ancien couvent, sur laquelle étaient représentées les armes de la maison de Lorraine [1].

---

[1] L'abbé Lebeuf, t. III, p. 110 et 116. — *Déclaration des*

En 1688, l'église paroissiale dont les dames de Montmartre payaient l'entretien, ainsi qu'il résulte d'un acte notarié du 11 mars de la même année [1], fut agrandie et augmentée des deux parties latérales ou bas-côtés [2].

Madame d'Harcourt mourut le 29 octobre 1699, à l'âge de quarante-deux ans. Son éloge en forme de circulaire, signé par la prieure et les religieuses de Montmartre, lui donne les qualités et toutes les vertus qui conviennent à une abbesse [3].

Marie-Éléonore Gigault de Bellefond, qui lui succéda, était fille de M. Bernardin Gigault, marquis de Bellefond, maréchal de France,

---

biens et revenus de l'abbaye. (Archives impériales.) — *Registres paroissiaux* à la date du 19 février 1679. — Extrait d'un *Rapport adressé au Directoire de la commission administrative élue par le peuple pour remplacer le département de Paris, le 25 septembre 1792.* (Archives de l'Hôtel-de-Ville.)

[1] Archives de l'Hôtel-de-Ville.

[2] *Registres paroissiaux* (abbaye), 18 mars 1688.

[3] *Gal. christ.*, t. VII, colonne 622.— *Lettre circulaire signée par la Prieure et les religieuses de l'abbaye de Montmartre, à Montmartre, 23 décembre 1699.* (Bibliothèque impériale.)

chevalier des ordres du roi, etc. Elle était depuis seize ans abbesse de Bellefond, près Rouen, lorsque le 24 décembre 1699, le roi lui confia la direction des sœurs de Montmartre. La nouvelle de cette nomination causa autant de joie dans ce monastère qu'elle produisit de tristesse dans le couvent de Bellefond. La modestie de la nouvelle abbesse était si grande qu'elle ne ressentit aucune satisfaction de l'honneur qui lui était fait ; elle n'accepta cette haute position que par esprit de soumission et avec la conviction, qu'en agissant ainsi, elle se conformait à la volonté de Dieu.

L'abbaye de Montmartre jouissait alors de 28,000 livres de rente et d'une pension de 6,000 livres que lui faisait le roi. Avec une sage économie, l'abbesse put suffire à tous les besoins de soixante religieuses et de douze converses ; elle employait même pour leur bien-être la pension qu'elle recevait de sa famille.

Madame de Bellefond mourut le 28 août 1717, âgée de cinquante-huit ans et huit mois, après avoir administré le monastère de Montmartre pendant dix-sept ans. Elle ne fut pas enterrée dans la chapelle de l'ancienne abbaye, lieu où l'on avait coutume ordinairement d'inhumer les abbesses, mais dans la crypte souterraine de l'église du nouveau couvent[1]. Du temps de Madame de Bellefond, l'abbaye de Montmartre avait compté parmi ses pensionnaires une des filles du duc d'Orléans, alors régent de France. Mais après deux années de séjour dans cette maison, où elle était entrée le 17 octobre 1715, à l'âge de dix-sept ans, la jeune princesse se retira au Val-de-Grâce, auprès de Mademoiselle de Valois sa sœur. Durant plusieurs années, la duchesse d'Orléans, femme du régent, conserva l'habitude de faire, tous les ans, à l'occasion des grandes fêtes, une retraite de quelques jours à

---

[1] *Gal. christ.*, t. VII, colonne 622. — *Circulaire de la prieure et religieuses de l'abbaye royale de Montmartre, à Montmartre,* 20 novembre 1717. (Bibliothèque impériale.) — *Mémoire concernant la généralité de Paris,* par M. Phelipeaux, p. 38. (Bibliothèque de l'arsenal.)

Montmartre, où elle avait un appartement ; elle y passait ordinairement la semaine sainte tout entière [1].

Marguerite de Rochechouart de Montpipeau qui remplaça Madame de Bellefond, entra en fonctions le 14 février 1718. Elle dirigea avec ordre les affaires de l'abbaye, faisant les plus grands efforts pour acquitter les dettes dont cette maison était alors chargée ; dans ce but elle obtint du roi pour son monastère une pension annuelle de 12,000 livres, jusqu'à ce que le couvent fut entièrement libéré [2].

Durant son administration, Madame de Rochechouart reçut successivement la visite du jeune roi Louis XV, du régent, des princes et des princesses, qui se rendaient à Montmartre pour faire leurs dévotions, et y admirer la bonne tenue du couvent, où l'abbesse avait fait exécuter de grands travaux d'amélioration. Ma-

[1] Cheronnet, p. 148.
[2] *Gal. christ.*, t. VII, colonne 622.

dame de Rochechouart fit en outre classer régulièrement et inventorier tous les titres et papiers de l'abbaye ; par son ordre on copia les pièces dont le temps avait altéré l'écriture ; c'est à elle que ce monastère fut ainsi redevable de l'établissement indispensable d'un cabinet d'archives [1]. Madame de Rochechouart mourut le 22 octobre 1727, à l'âge de soixante-deux ans. Elle fut aussi inhumée dans la chapelle souterraine de l'église de la nouvelle abbaye [2].

Louise-Émilie de la Tour-d'Auvergne, fille de Frédéric-Maurice de la Tour, comte d'Auvergne et de Henriette-Françoise de Hohenzollern, nommée pour succéder à Madame de Bellefond, quitta le couvent de Saint-Rémi de Villers-Cotterets, dont elle était abbesse depuis vingt ans, pour le monastère de Montmartre, où elle arriva dans le mois de novembre 1727. Mais, étant atteinte de paralysie, le mauvais état de sa santé l'obligea

---

[1] Cheronnet, p. 151.
[2] *Ibidem*, p. 152.

à quitter cette maison en février 1735 ; elle se retira alors dans le prieuré du Cherche-Midi, où elle mourut le premier juin de la même année, à l'âge de soixante-dix ans [1].

Catherine de La Rochefoucauld-Cousage renonça au monastère de Saint-Jean-Baptiste de Buxo, près Orléans, pour être abbesse de Montmartre. Après avoir régi ce couvent pendant vingt-cinq années, elle mourut en 1760, et fut inhumée dans la chapelle de l'ancien monastère [2].

Ce fut du temps de Madame de La Rochefoucauld, en 1736, que l'Académie des sciences fit construire sur la butte Montmartre un petit obélisque en pierre tendre, sur la face méridionale duquel on lisait ces quelques lignes, que l'on peut à peine distinguer aujourd'hui :

L'an MDCCXXXVI cet obélisque a été élevé par ordre du roi pour servir d'alignement à la méridienne de Paris du côté du nord. Son axe est à 2,931 toises deux pieds de la face méridionale de l'Observatoire.

[1] *Gal. christ.*, t. VII, colonnes 622 et 623.
Cheronnet, p. 153.

Cet obélisque est un des quatre-vingt-seize dont l'établissement fut ordonné dans le but de déterminer le plus exactement possible les points nord et sud de la ligne méridienne qui traverse le milieu de l'Observatoire de Paris, et dont l'horizon est terminé au midi par le village de l'Hay, et au nord par la butte Montmartre. On avait résolu d'en élever d'espace en espace depuis Dunkerque jusqu'au Canigou ; mais ce projet ne reçut qu'un commencement d'exécution [1]. C'est dans le voisinage d'une rue presque déserte, conduisant aux moulins, vers l'extrémité ouest de Montmartre et au milieu d'une ruelle inconnue de la plupart des habitants de ce quartier, qu'on voit encore ce monument dont on trouve le dessin à la Bibliothèque impériale [2].

---

[1] Voir Piganiol, t. III, p. 171, 172, 173 et 174. — L'abbé Lebeuf, t. III, p. 119. — *Mercure de janvier* 1738. — Cheronnet, p. 48.

[2] Cabinet des estampes.

CHAPITRE VI.

Madame de Montmorency-Laval, dernière abbesse de Montmartre. — Construction des murs d'enceinte de la ville de Paris. Montmartre *intra* et *extra muros*. — Révolution française. — Recensement des biens de l'abbaye, déclarés biens nationaux. — Suppression des Ordres religieux. — Expulsion des dames de Montmartre. — Madame de Montmorency est arrêtée. Le 6 thermidor elle meurt sur l'échafaud. — Restes de l'Abbaye : *Chœur des dames.* — Calvaire.

Marie-Louise de Laval, duchesse de Montmorency, fut élevée à la dignité d'abbesse en 1760 [1]. A cette époque, le couvent de Montmartre, dont la position était des plus belles, vaste, et possédant des jardins d'une grande étendue, était compté au nombre des maisons religieuses les plus célèbres de France [2]. Il ne le cédait pour la richesse et l'im-

[1] Cheronnet, p. 154.
[2] *Dictionnaire géographique, historique et politique des Gaules et de la France*, par M. l'abbé Expilly, 1766, t. IV, p. 866.

portance qu'au monastère de Saint-Denis[1]. Un grand nombre de filles, appartenant aux plus illustres maisons de France, venaient y faire leur éducation. Parmi celles-ci, nous trouvons les noms de Beaumont, de Bouillé, de Breteuil, de Choiseul, de Cossé, de Maupeou, de Montferrand, de Montmorency, de Monteau, de Saint-Simon, de la Grange, d'Osmond, de Rochechouart et de Tavannes[2]. La fille du duc de Penthièvre, depuis duchesse de Chartres, resta pensionnaire dans cette maison durant quatorze ans. Le séjour de cette princesse à Montmartre valut aux religieuses un don extraordinaire de son noble père, ainsi qu'il est constaté par les lignes suivantes à la date du 5 juillet 1770, qu'on lit dans un des registres de l'abbaye[3]. « Reçu de M. le duc de Penthièvre la

---

[1] *Dictionnaire géographique*, par Saint-Fargeau, t. II, p. 669.
[2] Registre intitulé : *Montmartre, journal des recettes de 1770 au 27 février 1789. Comptabilité, carton unique.* (Archives impériales.)
[3] *Ibidem.*

somme de 8172 l. 13 s., pour payer les ouvriers qui ont fait la boiserie du grand chœur, les tableaux et autres, dont il a bien voulu nous gratifier, à cause de madame la duchesse de Chartres, sa fille, qui a été pensionnaire ycy pendant quatorze ans. »

La communauté de Montmartre, qui, avant la première révolution, comptait à peu près sept cents feux, se composait de laboureurs, de bourgeois, de négociants et de marchands, dont quatre cent trente et un payant la taille. Elle comprenait l'abbaye royale des Bénédictines, dont l'abbesse était dame du lieu, le hameau de Clignancourt, la ferme du monastère, sise audit hameau [1], plusieurs fiefs ou seigneuries, l'église paroissiale, qui alors était entièrement détachée de Paris, et trois chapelles,

---

[1] En 1787 les dames de Montmartre avaient fait réparer les bâtiments de cette ferme, qui était abandonnée depuis plus de cent ans. Elle servait à l'exploitation de soixante-sept arpents et demi de terre que l'abbaye possédait sur les territoires de Montmartre, de Clignancourt et de La Chapelle.

Notre-Dame de Lorette, Sainte-Anne et *la Trinité*[1]. Il y avait encore dans cette paroisse des moines de Saint-Martin-des-Champs, des chanoines de Notre-Dame, de Sainte-Opportune, et d'autres religieux[2].

Nous voyons aussi dans les registres paroissiaux, à la date du 1ᵉʳ mars 1761, et sur les cartes et plans des Archives impériales, qu'une congrégation dite des filles sainte Agnès, occupait sur le haut de la butte, rue des Rosiers, une belle maison avec un grand jardin.

En 1784, les fermiers-généraux obtinrent de M. de Calonne, récemment appelé par Louis XVI au contrôle général des finances, l'autorisation d'entourer la capitale d'une vaste muraille, qui devait comprendre les villages limitrophes, soit en totalité, soit en partie. Les travaux commencés cette même année, dans

---

[1] Cette dernière chapelle était à Clignancourt, il en sera parlé dans le IXᵉ chapitre.

[2] *Composition de la communauté de Montmartre*, 22 novembre 1787. (Archives de l'Hôtel-de-Ville.)

le mois de mai, avancèrent rapidement ; en 1786, l'enceinte méridionale était terminée, et dans la partie nord-ouest, les paroisses de Chaillot, du Roule, de Monceau et une notable portion de celle de Clichy se trouvaient renfermées dans Paris ; Montmartre même allait être attaqué, lorsque Madame de Montmorency-Laval, craignant de voir trop amoindrir sa juridiction civile, adressa à l'administration des plaintes qui furent écoutées. Afin de respecter autant que possible les droits de l'abbaye, on imprima aux murs de clôture la direction irrégulière qui existait encore, il y a peu d'années, sur la partie du boulevard extérieur avoisinant Montmartre [1].

Le territoire de Montmartre du côté du midi commençait alors aux rues Saint-Lazare et Lamartine. La portion de cette paroisse enclavée dans la nouvelle enceinte ne fut pourtant pas encore administrativement réunie à Paris, et pendant quelques années, Montmartre se trouva

---

[1] Dulaure, *Histoire de Paris,* 1821, t. V, p. 530 et 531.

divisé en deux sections que l'on désignait sous le nom d'*extra* et *intra muros*[1]. Les habitants de la partie *intra* composaient les trois quarts et demi de la population totale[2]; parmi les familles qui demeuraient dans ce quartier, on comptait les noms les plus distingués, tels que ceux de Bougainville, de Forbin-Janson, de Puységur, de Liniers, de Savignac, de Villers, de La Chapelle, de La Neuville, de Brossard, de Gallean, de Pons, de Montendré, de Vadé, de Pigalle, et beaucoup d'autres célèbres à divers titres[3].

La partie *intra muros* renfermait aussi plusieurs belles habitations, parmi lesquelles nous

---

[1] *Lettre adressée par les membres composant la municipalité de Montmartre extra muros aux membres de la municipalité intra muros*, 10 avril 1790. — *Mémoire des ci-devant représentants de la commune de Montmartre intra muros à la commission intermédiaire du département*, 22 octobre 1790. (Archives de l'Hôtel-de-Ville.)

[2] *Copie du mémoire de la m^{té} de Montmartre, du 5 juillet 1788, adressé à M^{rs} du bureau intermédre du département de St-Germain.* (Archives de l'Hôtel-de-Ville.)

[3] Extrait des *Registres de l'église de Montmartre et des chapelles de Notre-Dame de Lorette et de Sainte-Anne.*

citerons l'hôtel des ducs de Valentinois, rue Saint-Lazare, le château de M. de Charolais, entre les rues du Faubourg Poissonnière et de Rochechouart, au quartier dit de la *Nouvelle-France*, et le bel hôtel avec cour, parc et jardin de M. Watteville, baron de Château Villain, mort le 10 mai 1779, et dont le corps repose dans l'église paroissiale de Montmartre[1]. Cette maison qui existait encore en 1843, appartenait alors à M. le marquis de Fortia d'Urban, ancien officier au régiment du roi, et membre de l'Institut, qui y réunissait les célébrités littéraires et scientifiques de la France et de l'étranger. A sa mort, cette propriété fut divisée et vendue en plusieurs lots. Elle était située rue de La Rochefoucauld et ses vastes jardins occupaient l'emplacement sur lequel on a bâti la rue d'Aumale. La cité Gaillard, entre les rues Blanche et Pigalle, doit son nom à M. Charles-François Gaillard de La Bouxière, ancien fermier-général, qui, en 1771, possédait

---

[1] Extrait des *Registres paroissiaux*.

sur les territoires de Clichy-la-Garenne et de Montmartre, alors contigus, au lieu appelé les *Portes-Blanches*, *Gratte-Paille* et les *Grands-Champs*, un château et un parc clos de murs, dont la contenance dépassait dix-sept arpents; le corps de logis principal se trouvait sur la ligne de délimitation des deux paroisses [1]. M. Gaillard de La Bouxière, décédé dans son château, le 14 novembre 1773, fut enterré dans l'église de Montmartre [2].

Quelques-unes des rues de ce quartier de Paris (les rues de Bellefond, de Rochechouart, de La Tour-d'Auvergne, primitivement rue d'Auvergne [3], de La Rochefoucauld et de Laval), par leur dénomination rappellent plusieurs des dernières abbesses. Le nom de la rue de la *Tour-des-Dames* vient d'un petit bâtiment appelé *Tour-*

---

[1] Extrait *d'un acte notarié passé par devant maître Jacques Jardin, notaire au bailliage de Montmartre*, 20 novembre 1771. (Archives de l'Hôtel-de-Ville.)

[2] Extrait des *Registres paroissiaux*.

[3] *Registres paroissiaux*, 15 novembre 1734.

aux-Dames, qui se trouvait au coin de la rue de La Rochefoucauld, et qui, ainsi que ses dépendances, appartenait à l'abbaye [1].

Avant de reprendre le récit des derniers temps de l'abbaye de Montmartre, il convient de placer ici quelques faits relatifs à l'état ancien de cette localité.

Les documents que nous avons été à même de consulter concernant le chiffre de la population de cette paroisse, avant le commencement de ce siècle, sont empreints de tant d'obscurité et s'accordent si peu entre eux, que dans l'impossibilité de pouvoir rien affirmer de précis, nous croyons devoir les mettre sous les yeux du lecteur, tels que nous avons pu nous les procurer.

D'après un dénombrement imprimé en 1709, il y avait alors à Montmartre quatre cent quarante feux. Suivant un autre dénombrement de 1745, il ne s'en trouvait plus à cette époque que

---

[1] *Journal de recettes de 1770 au 27 février 1789*, à la date du 18 mai 1773. (Archives impériales.) — Bibliothèque impériale. (Estampes.)

deux cent vingt-trois[1] ; selon l'abbé Expilly[2], Montmartre et le hameau de Clignancourt ne possédaient encore, en 1766, que ce même nombre de feux. Nous voyons dans les Archives de l'Hôtel-de-Ville, ainsi que nous l'avons rapporté plus haut, qu'en 1787, cette communauté tout entière pouvait en compter jusqu'à sept cents.

Montmartre, pendant les deux derniers siècles, était renommé pour la grande quantité de ses restaurateurs, cabarets, lieux de plaisir, bals et jeux champêtres. Les jours de fête, la consommation qui se faisait dans ces divers établissements était si considérable, que d'après le relevé des registres du bureau des aides, les sommes qui revenaient annuellement à l'État produisaient environ 303,408 livres. Après les villes principales, Montmartre était de toutes les localités de la généralité de Paris et même du

---

[1] L'abbé Lebeuf, t. III, p. 118.
[2] T. IV, p. 866.

royaume, celle qui rapportait au trésor les droits les plus élevés [1].

Il nous reste à parler des Carrières de Montmartre. Il n'y a pas encore bien longtemps, cette colline gypseuse, dont la hauteur est de cent cinq mètres, fournissait assez de plâtre pour suffire aux trois quarts des constructions de Paris, et on en exportait chaque année une grande quantité [2]. Vers la fin du siècle dernier, ce plâtre que quelques auteurs disent être de qualité supérieure, constituait une industrie d'une haute importance pour ce pays, qui en envoyait journellement dans Paris cent vingt muids. A cette époque, où les droits d'entrée sur cette matière étaient de 4 livres par muid, le plâtre de Montmartre produisait ainsi à la ville de Paris un revenu considérable [3].

---

[1] *Lettre à monseigneur l'intendant de la généralité de Paris*, 1783. (Archives de l'Hôtel-de-Ville.)

[2] Guillebert de Metz, p. 80. — *Dictionnaire des environs de Paris*, p. 441. — *Itinéraire de la vallée de Montmorency*, p. 171.

[3] Hurtaut et Magny, t. III, p. 577. — Piganiol, t. III,

Lorsque l'orage de la révolution française vint à éclater, dès les premiers jours du mois de juillet 1789, les dames de Montmartre, en raison de leurs revenus, que l'on supposait être considérables, se virent chargées d'impôts excessifs, qu'elles s'empressèrent d'acquitter. Pour satisfaire à la contribution du don patriotique, elles firent abandon de tous les riches ornements de leur église [1].

Dans le mois de février 1790, les vœux solennels, qu'un décret du mois d'octobre précédent avait provisoirement suspendus, furent définitivement interdits par une loi qui en même temps supprima tous les Ordres dans lesquels on en faisait de semblables. Un décret de l'Assemblée nationale du 13 février de la même année décida que tous les individus de l'un et de l'autre sexe, qui se trouvaient alors dans les monastères et maisons religieuses, seraient libres de les quitter,

---

p. 171. — *Lettre à monseigneur l'intendant de la généralité de Paris*, 1783. (Archives de l'Hôtel-de-Ville.)

[1] Extrait des archives de l'Hôtel-de-Ville.

à la condition d'en prévenir leur municipalité. Plusieurs religieuses de Montmartre, usant de cette faculté, se présentèrent devant le lieutenant du maire de Paris et les administrateurs du département pour leur faire connaître qu'elles désiraient jouir du bénéfice de ce décret. Il leur fut donné acte de leur déclaration, et elles en signèrent la minute, qui se trouve aux Archives de l'Hôtel-de-Ville.

En exécution d'un autre décret de l'assemblée nationale du 13 novembre 1789, revêtu de lettres patentes du roi, le 18 du même mois, il fut fait un recensement officiel et complet de toutes les possessions du couvent de Montmartre. L'abbesse et toutes les dignitaires de cette maison signèrent à Paris, le 2 mars 1790, cet état de situation, qu'elles certifièrent être sincère et véritable [1].

La première partie comprenait les détails des bâtiments du monastère, jardin, clos et dépen-

---

[1] *Déclaration des biens et revenus de l'abbaye.*

dances; les revenus des dîmes, cens, rentes, lods, loyers et fermages des différentes seigneuries, fermes et terres appartenant à l'abbaye, et situées dans divers lieux ; les rentes sur le roi, le clergé, différents domaines, et autres assignations, ainsi que le revenu de diverses fondations. La deuxième partie faisait connaître les charges et les revenus du couvent. Elle était suivie de l'état comparatif des recettes et des dépenses. La troisième désignait exclusivement le mobilier de l'église et de la maison, et la quatrième contenait l'état de l'actif et du passif, avec la comparaison de l'un avec l'autre.

D'après cette pièce authentique qui se trouve aux Archives impériales, et quelques autres qui existent dans les Archives de l'Hôtel-de-Ville, nous voyons que l'abbaye occupait sur la butte une superficie d'environ trente-sept arpents. Neuf étaient employés pour les bâtiments, cour, basse-cour et jardin à l'usage du couvent[1]. Le

---

[1] La contenance du jardin du monastère était de six arpents.

grand clos du monastère, qui pouvait compter vingt-six arpents, renfermait des bois, des vignes et des terres labourables. Dans la cour d'entrée, ou extérieure, il y avait divers logements que les religieuses louaient à des particuliers; chaque locataire avait la jouissance d'un petit parterre. L'abbaye possédait aussi un jardin botanique [1].

Pendant les premiers mois de l'année 1790, la municipalité de Montmartre avait fait apposer les scellés dans le monastère, qui se trouvait compris au nombre des biens nationaux ecclésiastiques [2]. Après avoir fait le relevé exact des titres et papiers, le 31 mai 1790, on procéda à celui des biens, meubles et immeubles du cou-

[1] *Lettre au directoire du district de Franciade* (Saint-Denis), 24 frimaire an II, par un fabricant de salpêtre. (Archives de l'Hôtel-de-Ville.)

On voyait dans l'enclos de l'abbaye un bois de haute futaie que l'on appellait *bois du duc de Montmorency*. Bibliothèque impériale. (Estampes.)

[2] *Procès-verbal et récolement des pièces de l'inventaire fait en la ci-devant abbaye de Montmartre*, 27 mars 1792. (Archives de l'Hôtel-de-Ville.)

vent, et la clôture de l'inventaire fut terminée le 28 juin suivant. Madame de Montmorency-Laval resta chargée de la garde des scellés jusqu'en 1792. Alors, le directoire du district de Saint-Denis ayant par un arrêté délégué quelques uns de ses membres pour se transporter à Montmartre, ceux-ci s'y rendirent accompagnés du maire, du procureur de la commune et d'un officier municipal. L'abbesse leur remit vingt-cinq cartes composant le cadastre des différentes seigneuries dépendant du monastère, et dix-sept registres concernant d'autres objets. Ils emportèrent ces pièces importantes, et la responsabilité de Madame de Montmorency-Laval se trouva ainsi déchargée, en vertu du procès-verbal qui fut dressé à cette occasion.

Depuis 1790, les dames de Montmartre, privées de leurs revenus, étaient réduites à un état de gêne voisin de la misère; pour les dédommager, conformément aux décrets rendus par l'Assemblée nationale sur les ordres religieux, le comité d'administration des biens ecclésiastiques, par délibération des 3 septembre et 2 novembre de la même année, décida que des pensions alimentaires seraient accordées aux religieuses qui désireraient rester en communauté. Mais les Bénédictines de Montmartre ne reçurent jamais qu'une faible partie des sommes qui leur avaient été assignées dans ce but [1]. Après la sanglante journée du 10 août 1792, un ordre de la commission extraordinaire de l'Assemblée nationale du 16 du même mois, prétextant que l'emplacement de l'abbaye pourrait servir à l'État pour établir des batteries d'artillerie, enjoignit aux religieuses de sortir de leur monastère le plus promptement possible. La commune de Paris n'accordait à tous les membres des Ordres monastiques que le délai de trois jours pour quitter leur maison [2]. En raison de cet ordre, les dames de Montmartre abandonnèrent leur

---

[1] Extrait du *bureau de féodalité, administration des biens nationaux ecclésiastiques du département de Paris*, 1791. (Archives de l'Hôtel-de-Ville.)

[2] Extrait des Archives de l'Hôtel-de-Ville.

couvent le 19 août 1792 [1]. Des commissaires désignés par le directoire du district de Saint-Denis, de concert avec la municipalité de Montmartre, firent alors vendre publiquement une partie du mobilier de l'abbaye; le surplus fut enlevé par ordre de l'administration même du district, le 21 février 1793. Les objets d'or et d'argent doré furent portés à l'hôtel de la Monnaie; le cuivre fut déposé aux Barnabites, le fer dans les magasins de l'État, rue de l'Université, ancien *hôtel Maupeou*, et le plomb à l'Arsenal [2].

Après l'expulsion des religieuses de leur maison, Madame de Montmorency-Laval se retira d'abord à Saint-Denis, puis au château de Bondy. Mais la malheureuse abbesse ne tarda pas à être découverte dans ce dernier asile, qu'elle devait à la généreuse hospitalité de la marquise de Crussol-d'Amboise [3]. Jetée en prison, elle fut bientôt traduite devant le tribunal

---

[1] Extrait des Archives impériales.
[2] Extrait des Archives de l'Hôtel-de-Ville.
[3] Cheronnet, p. 156.

révolutionnaire. Elle y comparut le 6 thermidor an II (24 juillet 1793). Nous lisons dans les pièces relatives à ce jugement conservées aux Archives impériales [1] : « La femme *Laval* ex-abbesse de Montmartre, a été en cette qualité une des plus *cruelles ennemis* du peuple, en exerçant sous *le prétexte des* priviléges de la cy-devant *abbeys une foule* d'exactions et de concussions *envers les citoyens* qu'elle avait l'audace *d'appeler ses vassaux ;* elle a refusé de prêter *aucun* serment à la nation, croyant que son nom *et son état* de religieuse devait l'empêcher de *reconnoître jamais* la liberté et l'égalité des *hommes entre eux ;* enfin elle est encore *prévenue d'avoir* entretenue des intelligences *avec les conspirateurs* d'outre-Rhin. »

Être accusé alors, c'était être condamné. La peine capitale fut prononcée contre Madame de

---

[1] Nous avons cru devoir reproduire exactement l'orthographe des pièces relatives au procès de Madame de Montmorency-Laval, et mettre en italique les mots soulignés dans les textes originaux.

Laval, ainsi que contre plusieurs autres accusés « *convaincus de s'être rendus les ennemis du peuple* et d'avoir conspiré contre sa souveraineté en entretenant des intelligences et correspondances avec les ennemis de l'intérieur et de l'extérieur de la république, en leur fournissant des secours en hommes et en argent pour favoriser le succès de leurs armes sur le territoire français, en participant aux complots, trames et assassinats du tyran et de sa femme contre le peuple français, nottamment dans les journées du vingt huit février 1791 et 10 août 1792. En conspirant dans la maison d'arrêt dite Lazarre, à l'effet de s'évader et ensuitte dissoudre par le meurtre et l'assassinat des représentans du peuple, et nottamment des membres des comités de salut public et de sûreté générale, le gouvernement républicain, et rétablir la royauté, enfin en voulant rompre l'unité et l'indivisibilité de la république. »

Le jour même de sa condamnation, Marie-Louise de Montmorency-Laval, dernière abbesse de Montmartre, âgée de soixante et onze ans et depuis quelque temps sourde et aveugle, termina sur l'échafaud élevé sur la place de la barrière dite de Vincennes (place du Trône), sa longue vie toute consacrée au service de Dieu et des pauvres [1]. Elle mourut avec le duc de Beauvilliers de Saint-Aignan ; M. Albert de Bérulle, ancien premier président du parlement de Grenoble; les comtes Gravier de Vergennes et de Mesnil-Durand; le fils du vicomte de Maillé ; la comtesse de Flavigny et la baronne de Soyecourt [2]. Le général de Beauharnais, ancien membre de la Constituante, avait été exécuté la veille [3], et le lendemain, André Chénier allait aussi mourir sur l'échafaud. On était au 6 thermidor, et Robespierre devait succomber le 9 [4] !

Le 10 août 1792, l'Assemblée nationale avait rendu un décret qui ordonnait la formation d'un

---

[1] Extrait des Archives impériales.
[2] *Moniteur* du 6 août 1794.
[3] *Moniteur* du 5 août 1794
[4] *Moniteur* du 10 août 1794.

camp de vingt mille hommes dans les environ s de la capitale, et autorisait l'établissement d'une esplanade d'artillerie sur les hauteurs de Montmartre, dont la position était très-convenable pour cet objet. De grands travaux furent alors entrepris dans ce but, et les commissaires chargés de les surveiller ordonnèrent la démolition de quelques parties du monastère, dont le démembrement ne commença cependant à s'effectuer qu'en 1794[1]. Cette même année, par adjudication faite aux enchères, en présence des administrateurs du directoire du district de Saint-Denis, et de deux commissaires délégués par la municipalité locale, vingt-six arpents provenant de l'enclos de l'abbaye, devenue propriété nationale, furent donnés à bail à un habitant de Montmartre, qui, selon les clauses et conditions du cahier des charges, devait payer le prix de son adjudication par égale moitié, une partie en argent et l'autre en grains, pommes de terre

---

[1] *Dictionna're de tous les environs de Paris*, p. 434. — Saint-Fargeau, t. II, p. 669.

et légumes à *gousse*[1]. Mais ce bail, dont les conditions singulières rappellent l'esprit du temps, fut presque aussitôt annulé, en vertu d'une clause de surbail, et ne fut jamais mis à exécution.

Dans le courant de l'année 1794, le couvent et toutes ses dépendances furent vendus par portions diverses à des particuliers; on détruisit entièrement les tombes des abbesses et celles des religieuses; et les bâtiments ainsi que l'église, ancienne chapelle du Martyre, furent abattus. En 1795, M. Orsel, devenu depuis peu acquéreur des vingt-six arpents dont nous avons parlé plus haut, fit bâtir sur cet emplacement de nombreuses maisons dont l'ensemble, à raison de l'éloignement où elles se trouvaient alors des autres habitations, fut pendant longtemps considéré comme un quartier à part, désigné sous le nom de *village Orsel*[2]. C'est aujourd'hui la rue des Acacias. Une carrière à plâtre, dont la super-

[1] Extrait des Archives de l'Hôtel-de-Ville.
[2] Saint-Fargeau, t. II, p. 669.

fice occupait plus de douze arpents, fut encore établie dans les terrains appartenant au monastère abandonné. En 1828, malgré tous les changements survenus dans la localité, on remarquait encore de nombreux vestiges de l'abbaye, dont une partie des terres n'avaient pas reçu de destination. Depuis, des rues, des quartiers entiers se sont élevés en cet endroit, et peu à peu, grâce aux soins des diverses administrations qui se sont succédé, et principalement de la dernière qu'il ne m'est pas permis de louer [1], Montmartre a pris les proportions d'une grande ville qui domine Paris de ses deux mille maisons étagées.

Derrière l'église paroissiale, on voit encore la chapelle dans laquelle un grand nombre d'abbesses avaient reçu la sépulture, et où les offices du couvent avaient toujours été célébrés, depuis sa fondation jusqu'au moment où les religieuses

[1] Mon père, le baron Michel de Trétaigne, actuellement maire du XVIII⁰ arrondissement de Paris, a été le dernier maire de Montmartre.

abandonnèrent leur vieille demeure pour aller habiter le nouveau monastère élevé près du prieuré, ainsi que nous l'avons dit précédemment. Malgré son état de vétusté et de délabrement, on reconnaît la place occupée jadis par les deux chapelles latérales dont nous avons déjà parlé [1]. Ces solides constructions, auxquelles la tradition a conservé le nom de *chœur des dames*, après huit siècles d'existence, ont perpétué jusqu'à nos jours le souvenir de la célèbre abbaye de Montmartre. Depuis 1792, cette ancienne chapelle ne sert plus au culte, par suite de la transformation des biens ecclésiastiques en domaines nationaux; elle appartient aujourd'hui à l'État. Au-dessus, on a établi, en 1795, un télégraphe qui durant près d'un demi-siècle a transmis les nouvelles de Paris à Lille et qui pendant quelque temps avait donné à la ci-devant barrière Rochechouart le nom de barrière du Télégraphe [2].

[1] Voy. p. 42.
[2] Cheronnet, p. 60. — Bibliothèque impériale. (Estampes.)

Auprès de l'église paroissiale et sur l'emplacement occupé jadis par une partie des bâtiments réguliers de l'ancien monastère, dont les caves, malgré leur ancienneté, existent encore dans un état parfait de conservation, on a construit une vaste chapelle dite *des catéchismes*, et on a établi un Calvaire qui se compose d'un jardin artistement dessiné où l'on voit trois croix élevées sur un rocher factice, une grotte qui rappelle le Saint-Sépulcre de Jérusalem [1], une chapelle souterraine consacrée à la Vierge et neuf petites chapelles. Deux fois par an, pendant neuf jours, de nombreux pèlerins viennent de toutes parts s'agenouiller et prier en ce lieu.

[1] Cheronnet, p. 225.

CHAPITRE VII.

Montmartre pendant la révolution. — Organisation de la municipalité. — Formation de la garde nationale. — Compagnie d'archers. — Notice biographique sur M. Desportes, premier maire de Montmartre. — Napoléon 1ᵉʳ à Montmartre. — Événements de 1814 et de 1815. — Montmartre est fortifié et défendu. — Patriotisme des habitants. — Indemnité accordée par Louis XVIII à la commune de Montmartre.

Avant 1789, la paroisse de Montmartre faisait partie de la généralité de Paris et subdélégation de Saint-Denis, ressortissant au diocèse, parlement, intendance et élection de la capitale [1].

Dans le mois de juillet 1789, dès les premiers jours de la révolution, la municipalité provisoire de Paris, désirant occuper cette foule con-

---

[1] *Composition de la communauté de Montmartre*, 22 novembre 1787. (Archives de l'Hôtel-de-Ville). — L'abbé Expilly, t. IV, p. 866.

sidérable de gens oisifs et portés au désordre qui se trouvaient alors dans la capitale, et en même temps dont elle voulait pouvoir toujours surveiller les actions, les employa à des travaux de terrassement sur la butte Montmartre, où l'on avait établi un atelier national [1].

Montmartre présentait alors le plus triste aspect. La réunion de la partie *intra-muros* à la capitale avait diminué de plus de moitié la valeur des loyers dans ce quartier, dont le plus grand nombre des maisons était fermé ou abandonné [2]. Montmartre ne possédait pas encore de revenus communaux, et les malheurs publics avaient anéanti le commerce, que l'on ne pouvait réussir à raviver. Les chefs des ateliers de charité, afin d'utiliser la présence des nombreux ouvriers placés sous leurs ordres, essayèrent de

---

[1] *Lettre adressée par les membres de la municipalité et du conseil général de Montmartre au Directoire du district de Saint-Denis.* (Archives de l'Hôtel-de-Ville). — *L'armée et la garde nationale*, par le baron C. Poisson, 1858, p. 111.

[2] Extr. du *Mémoire des représentants de Montmartre intramuros*, 22 octobre 1790. (Archives de l'Hôtel-de-Ville.)

leur faire réparer les chemins existants et de leur en faire tracer de nouveaux. Ce travail, entrepris dans un but louable, mais mal dirigé et plus mal exécuté encore par des gens peu habitués à ce genre d'ouvrage, loin de produire aucune amélioration, ne servit qu'à détruire entièrement dans cette localité les moyens de communication déjà si imparfaits. Les rues se trouvaient aussi dans le plus pitoyable état, et l'accès des maisons était fort difficile. Les cultivateurs, qui, à cette époque, étaient très-nombreux à Montmartre, ne parvenaient à transporter leurs denrées dans Paris qu'avec des frais considérables qui absorbaient tous les bénéfices [1].

Dans le mois de mars 1790, les députés du comité provisoire de Montmartre *extra-muros* demandèrent à Louis XVI l'autorisation de procéder à la formation de leur municipalité. L'étendue administrative de Paris n'étant pas encore

[1] *Lettre au Directoire du district de Saint-Denis.* (Archives de l'Hôtel-de-Ville.)

définie, le roi leur accorda seulement la permission d'organiser une municipalité provisoire, afin d'obvier à l'inconvénient grave alors d'être sans magistrats et sans direction. Les habitants de ce village, convoqués, conformément aux décrets de l'Assemblée nationale, le 16 avril 1790, élurent une administration ainsi composée : un maire, un procureur de la commune, huit officiers municipaux et dix-huit notables [1]. Montmartre, qui pendant plusieurs années, ainsi que Neuilly, la Chapelle et Saint-Ouen, appartint au canton de Clichy-la-Garenne, fut plus tard réuni à celui de Neuilly [2].

Dans le même temps, les habitants de la partie *intra-muros*, malgré les vives réclamations et les protestations de la partie extérieure, organisèrent entre eux, et sans autorisation, une administration particulière, qui tenait ses séances rue

---

[1] Extr. du *Registre des délibérations de la municipalité de Montmartre*, 25 avril 1790. (Archives de l'Hôtel-de-Ville.)

[2] Extr. des Archives de l'Hôtel-de-Ville. — *Histoire de Clichy*, p 266 et 267.

de la Tour-d'Auvergne ; ils élurent aussi un maire et des officiers municipaux, mais cette commune éphémère fut supprimée par un décret particulier de l'Assemblée nationale du 22 juin 1790, sanctionné par le roi, le 25 du même mois, et ce quartier fut enfin réuni à Paris [1].

Dès les premiers jours de la révolution, aussitôt après la prise de la Bastille, les habitants de Montmartre, dont la sécurité était continuellement menacée par la présence sur leur territoire de nombreuses bandes de gens malintentionnés, s'empressèrent d'organiser une milice civique, à la formation de laquelle tous les bons citoyens voulurent concourir chacun selon ses moyens et ses forces. Quoiqu'il y eût alors dans cette paroisse très-peu de gens riches, des sommes assez importantes furent réunies en peu de temps, et la garde nationale, complétement organisée, devint bientôt d'un grand secours à

[1] *Lettre de la municipalité de Montmartre extra-muros aux intra,* 10 avril 1790. (Archives de l'Hôtel-de-Ville.)

l'administration municipale. On établit plusieurs postes dans les deux parties *extra et intra-muros* ; trois corps de garde furent placés dans le quartier compris dans l'enceinte de Paris, qui réclamait particulièrement une surveillance très-active, en raison du grand nombre de cabarets et de bals champêtres qu'il renfermait [1].

Il y avait, depuis près d'un demi-siècle, dans la paroisse de Montmartre une compagnie d'archers. Cette espèce de force organisée, formée d'habitants de Montmartre et de Parisiens, avait un uniforme particulier, et elle se réunissait, à des époques déterminées, dans l'enclos du monastère, pour s'y exercer au tir. Il en est souvent question dans les registres de l'abbaye, où l'on voit mentionnées de fréquentes libéralités aux membres de la compagnie de l'arc

---

[1] *Mémoire des représentants de Montmartre intra-muros aux membres de la commission intermédiaire du département*, 22 octobre 1790. (Archives de l'Hôtel-de-Ville.)

pour leur assistance aux grandes solennités religieuses de Montmartre [1].

En 1789, à la veille de la prise de la Bastille, la compagnie des archers concourut au maintien de l'ordre, et dans toutes les circonstances rendit les services les plus utiles à l'administration municipale, qui lui délivra un certificat ainsi conçu :

« 16 juin 1790.

« Municipalité de Montmartre.

« Nous, soussignés maire, officiers municipaux et procureur syndic de la commune, certifions à tous qu'il appartiendra que la compagnie de l'arc, établie depuis l'année 1748 sur ce territoire, s'est montrée dès le 13 juillet dernier avec le plus grand patriotisme, et que depuis cette époque elle s'est affiliée à notre

---

[1] Voir *les registres de la dépense de l'abbaye*, du 5 mars 1771 au 27 février 1779, et du 1er mars 1779 au 28 février 1789, à la date des 1er et 25 janvier 1777 et 1er janvier 1782. (Archives de l'Hôtel-de-Ville). — Cheronnet, p. 56.

commune, où elle a fait le service avec tout le zèle et l'exactitude possibles, de manière à nous être fort utile dans toutes les circonstances ; en conséquence, nous avons délivré à Messieurs de l'arc le présent certificat comme un acte de notre justice et de notre reconnaissance, pour leur servir et valoir comme de raison.

« Fait à l'hôtel de la mairie, le 16 juin 1790[1]. »

Conformément à la loi de 1791, relative à l'organisation de la garde nationale, qui supprimait dans toutes les localités les compagnies d'archers, celle de Montmartre fut licenciée.

Quelques années après, deux compagnies d'archers, qui existent encore, se formèrent dans la commune de Montmartre; l'une porte le nom de *Compagnie de Montmartre* et l'autre celui de *Compagnie de Clignancourt*.

Dans le mois de septembre 1789, quelques

---

[1] Extr. des Archives de l'Hôtel-de-Ville.

bourgs et villages des environs de Paris demandèrent à être associés à la garde nationale de la capitale. L'assemblée des représentants de la commune de Paris accepta cette proposition, dont le résultat devait être d'assurer d'une manière efficace l'ordre et la tranquillité dans la ville, ainsi que dans les localités suburbaines ; et elle invita en outre toutes les communes qui désireraient être réunies à la milice parisienne à vouloir bien le faire connaître. L'assemblée, voulant encore exprimer avec plus de force aux habitants de la banlieue la satisfaction qu'elle ressentait de leur demande, autorisa tous les gardes nationaux *extra-muros* à porter le même uniforme que ceux de Paris, et à inscrire le nom de leur localité sur les boutons de leur habit. Les gardes nationales suburbaines se trouvèrent alors placées sous le commandement du général Lafayette, à l'autorité duquel elles n'étaient pas encore soumises. Celle de Montmartre s'empressa de demander son *affiliation* à celle de la capitale ; elle avait toujours concouru avec elle au maintien du bon ordre, et, depuis la prise de la Bastille, elle avait été réunie de fait à la garde parisienne, du moins en ce qui concernait le service, puisque chaque jour un officier partait de Montmartre et allait à Paris recevoir le mot d'ordre du commandant général [1].

En 1791 la garde nationale de Montmartre était forte de deux cent vingt-cinq hommes [2].

Dans le mois de mars 1792, par ordre du district de Saint-Denis, la milice civique de Montmartre fut organisée conformément à la loi du 14 octobre précédent. A cette époque elle se composait de trois compagnies, qui, réunies aux gardes nationales de Saint-Ouen et de la Chapelle-Saint-Denis, formaient un bataillon [3].

Le premier maire de Montmartre, élu en 1790,

---

[1] *Extr. du Procès-verbal de l'assemblée des représentants de la commune de Paris* du 13 septembre 1789, et *du procès-verbal de l'assemblée des représentants de la commune de Montmartre* du 17 septembre 1789. (Archives de l'Hôtel-de-Ville.)

[2] *Hist. de Clichy*, p. 266.

[3] Extr. des Archives de l'Hôtel-de-Ville.

fut M. Desportes; il mérite une notice particulière.

Nicolas-Félix Desportes, né à Rouen le 23 août 1763, était vers la fin de l'année 1789, électeur, président de l'assemblée des représentants de Montmartre. Il avança à l'État, pour la localité qu'il administrait, des sommes considérables, comme contributions patriotiques, et, en 1791, se trouva le seul des créanciers de cette commune, qui consentit à accorder un délai pour le remboursement de ce qui lui était dû [1].

Nommé, en 1792, ministre plénipotentiaire près la cour palatine des Deux-Ponts, il y soutint énergiquement les intérêts de la France et, pendant tout le temps qu'il résida dans ce pays, il ne cessa, ainsi que tous les gens de sa maison, de porter la cocarde nationale, malgré l'état de guerre et la présence de l'ennemi, qui se trouvait à peu de distance.

[1] *Lettre adressée par les membres du conseil municipal de Montmartre à la commission de l'Isle-de-France*, 3 février 1791. (Archives de l'Hôtel-de-Ville.)

Après une absence de sept mois et demi, le maire de Montmartre reprit ses fonctions municipales. Mais il fut bientôt appelé à un nouvel emploi diplomatique. Nous voyons, en effet, dans les Archives de l'Hôtel-de-Ville, que le 5 mars 1793, M. Desportes, qui, à cette date, n'était plus maire, représentait la France dans une principauté d'Allemagne. Malgré le désintéressement dont il avait fait preuve et la distinction de ses services en qualité d'administrateur et de ministre plénipotentiaire, cet honorable fonctionnaire, comme tant d'autres alors, eut la douleur de se voir calomnié et persécuté. Quelque temps après sa dernière mission diplomatique, l'ex-maire fut accusé par une dénonciation d'avoir quitté la cocarde tricolore, lorsqu'il était à Deux-Ponts. Pour ce fait, le comité de surveillance de Montmartre, dans sa séance du 14 germinal an II, décida que M. Desportes devait être mis provisoirement en état d'arrestation dans sa propre maison et qu'un gardien serait chargé de veiller sur lui. En même temps l'ordre fut donné de mettre les scellés sur les papiers du suspect et dans le délai de vingt-quatre heures de donner avis de ces mesures au comité de sûreté générale, afin qu'il pût prendre à cet égard telle décision qu'il jugerait convenable.

Plusieurs membres du comité de surveillance, délégués à cet effet, se transportèrent immédiatement au domicile de M. Desportes. Après une visite scrupuleuse de tous ses appartements, ils placèrent sous les scellés ses papiers, qu'ils examinèrent avec le plus grand soin, et dans lesquels on ne put rien découvrir de compromettant pour lui. Dans un interrogatoire détaillé concernant les missions dont il avait été chargé à l'extérieur, M. Desportes répondit victorieusement à toutes leurs questions, mais on ne l'en transféra pas moins à la maison d'arrêt des Petits-Pères, par ordre du comité de sûreté générale.

Le comité de surveillance de Montmartre, conformément au désir manifesté par M. Benjamin Desportes, frère du prisonnier, s'informa auprès du commissaire des relations extérieures de la conduite politique que l'ancien diplomate avait tenue pendant qu'il résidait à l'étranger. La réponse du ministre, par laquelle il déclarait que celui-ci avait accompli de la manière la plus satisfaisante les missions à lui confiées, fut transmise par le comité de surveillance au directoire du district de Saint-Denis. Sur ces entrefaites, le sieur Colliard, qui avait été employé à la légation de France à Deux-Ponts, ayant appris la prévention qui pesait sur M. Desportes, se présenta devant le comité de surveillance, et donna le démenti le plus formel à toutes les allégations formulées contre son ancien chef. Le conseil général, les autorités municipales et le comité de surveillance de la commune, se réunirent alors pour réclamer auprès du comité de sûreté générale la mise en liberté de leur ancien magistrat, ainsi que des autres détenus appartenant à Montmartre. Le 20 thermidor, en vertu d'un ordre du comité de sûreté générale, on leva les scellés apposés sur les papiers de M. Desportes, qui fut enfin rendu à la liberté [1].

La grande considération dont jouissait à juste titre cet honnête citoyen lui mérita l'estime particulière de Napoléon Ier, qui le nomma préfet du Haut-Rhin et lui accorda le titre de baron [2]. Il est décédé à Paris, le 26 août 1849, et son corps repose dans le petit cimetière contigu à l'église paroissiale.

Au sortir de la révolution, Montmartre reprit son véritable nom, auquel pendant, la terreur, on avait substitué celui de *Montmarat* [3].

En 1808, Napoléon Ier, alors à l'apogée de sa puissance, vint visiter la butte ; il admira le vaste panorama que l'on découvre de ce point culminant : pouvait-il penser que, sept ans après, ces plaines de Saint-Denis qui s'étendaient devant

---

[1] *Comité de surveillance de Montmartre.* Voir les séances des 14 germinal, 1er prairial, 27 floréal, 18 et 24 thermidor. (Archives de l'Hôtel-de-Ville.)

[2] *Bulletin des lois*, IVe série, t. X, 1er semestre 1809, p. 168.

[3] *Comité de surveillance*, séance du primidi 21 messidor an II. (Archives de l'Hôtel-de-Ville.)

lui seraient couvertes par les armées de l'Europe coalisée! En souvenir de son ascension sur la montagne des Martyrs, il dota la commune d'une nouvelle voie de communication, à laquelle on donna le nom de *rue de l'Empereur* et dont la pente très-douce permit alors aux voitures d'aborder plus facilement le sommet de la colline, auquel auparavant elles ne pouvaient parvenir que par le *vieux chemin*, dont la position escarpée présentait les plus graves dangers [1].

En 1814, en prévision d'une attaque contre Paris, on avait à la hâte fortifié et armé Montmartre, et dans les derniers jours du mois de mars, le roi Joseph s'y installa avec son état-major, dans la maison dite *Château-Rouge*, où il avait établi son quartier général [2]. La bataille à laquelle on se préparait commença le matin du 30, au delà de la plaine Saint-Denis. Le corps d'armée

---

[1] Cheronnet, p. 63.
[2] *Dictionnaire de tous les environs de Paris*, p. 435. — *Fastes des gardes nationales de France*, par MM. Alboize et Charles Élie. Paris, 1849, p. 228.

du général russe comte de Langeron, après s'être emparé d'Aubervilliers, suivant la route de Saint-Ouen, se dirigea vers la butte Montmartre, défendue seulement par quelques pièces de canon, quatre cents dragons et par des volontaires de toutes les légions de la garde nationale de Paris, mais en trop petit nombre pour pouvoir opposer une résistance efficace. Lorsque l'ennemi fut arrivé au bas de la colline, malgré le feu plongeant dirigé sur lui, il parvint à s'établir dans la plaine de Saint-Denis, et alors il attaqua Montmartre avec la plus grande vigueur. Plusieurs obus vinrent éclater jusque dans l'intérieur de Paris, où ils causèrent de vives alarmes [1]. Après quelques instants d'un feu meurtrier, les tirailleurs de la garde nationale, postés sur la hauteur, se virent refoulés vers les Batignolles, point occupé par le brave Moncey, dont le quartier général était à la barrière de Clichy. Guidés par le vieux maréchal, les gardes

[1] *Dictionnaire de tous les environs de Paris*, p. 436. — *Fastes des gardes nationales*, p. 229, 230 et 231.

nationaux, attaqués par une masse formidable appuyée d'une nombreuse artillerie, soutinrent un combat des plus vifs, qui ne s'arrêta qu'à la nouvelle de la capitulation de Paris.

Pendant ce temps-là les dragons, commandés par leur colonel, étaient restés seuls pour défendre la butte Montmartre. L'armée de Silésie, forte de vingt mille hommes de toutes armes, attaqua cette petite troupe, qui, au lieu de céder le terrain, persistait à vouloir conserver le poste périlleux qui lui avait été confié et dont elle comprenait l'importance. Formés en bon ordre, ils chargèrent l'ennemi avec une véritable furie; et plusieurs fois ils réussirent à le repousser. Après les efforts les plus héroïques, le colonel qui dirigeait cette poignée de braves suppléant au nombre par le courage, voyant que ses hommes, dont la plupart avaient trouvé la mort dans cette lutte inégale, allaient être entourés par les masses alliées, qui débouchaient du côté de Neuilly, ordonna de sonner la retraite et fit retirer sa faible colonne en bon ordre.

Quelques instants après, les huitième et dixième corps de l'armée russe occupèrent Montmartre. Les pièces d'artillerie, tombées au pouvoir de l'ennemi, furent alors dirigées sur Paris, et les quartiers contigus à la butte étaient sur le point d'être bombardés, lorsque l'annonce de la capitulation, qui venait d'être signée à Belleville, fit cesser les hostilités.

L'armée de Silésie bivouaqua à Montmartre pendant la nuit qui suivit le combat et en repartit le lendemain [1].

Dans la soirée du 31 mars, le général de Langeron vint établir son quartier général sur la montagne, où il demeura avec son état-major pendant quelques jours. Le reste des troupes russes campa au milieu de la plaine Saint-Denis [2].

Cette même année on avait organisé à Montmartre un hôpital temporaire, dans lequel

---

[1] *Dictionnaire de tous les environs de Paris*, p. 437.

[2] *Lettre de M. Faveret, maire de Montmartre, au sous-préfet de Saint-Denis*, 20 novembre 1846. (Archives de l'Hôtel-de-Ville.)

douze cents malades pouvaient recevoir des soins [1].

Pendant les Cent jours le conseil de défense de Paris porta son attention la plus sérieuse sur la colline de Montmartre, dont la position était si importante ; en quelques semaines, des travaux formidables protégés par deux cents pièces de canon, furent exécutés sur la butte, où l'on avait pris soin de rassembler de nombreuses munitions de guerre [2].

Dans les premiers jours de juin les habitants de Montmartre demandèrent au ministre de l'intérieur à être adjoints aux troupes qui devaient défendre les nouvelles fortifications. Le ministre adressa, à ce sujet, au préfet de la Seine, la lettre suivante, qui contient l'attestation la plus précieuse pour les habitants de Montmartre :

---

[1] *Lettre aux administrateurs des hospices.* Paris, 13 septembre 1814. (Archives de l'Hôtel-de-Ville.)

[2] *Dictionnaire de tous les environs de Paris*, p. 438 et 439.

« Paris, 5 juin 1815. — Ministère de l'intérieur.

« Monsieur le préfet,

« Les habitants de Montmartre viennent de m'adresser une demande tendant à obtenir l'honneur d'être les premières troupes appelées à la défense des fortifications qui s'achèvent en ce moment près de leurs demeures. Je vous prie, Monsieur le Préfet, de témoigner à ces braves gens la satisfaction de l'empereur et la confiance de sa majesté dans leur patriotisme.

« Agréez, Monsieur le Préfet, etc.

« Carnot[1]. »

Après la néfaste, mais encore glorieuse journée de Waterloo, l'armée ennemie ayant traversé la Seine près du Pecq, se trouva, le 1er juillet 1815, maîtresse de la rive gauche. Le gouvernement provisoire conclut alors avec les plénipotentiaires des puissances coalisées une convention militaire dont l'article 8 portait que Montmartre,

[1] Extr. des Archives de l'Hôtel-de-Ville.

où se trouvaient les forces commandées par le brave général Desfourneaux, serait remis aux Anglais le 5 juillet [1].

Les troupes françaises durent, par ordre, abandonner Montmartre, et le 5 juillet, ainsi que cela avait été stipulé, la place fut remise aux coalisés [2].

Des soldats égarés, auxquels s'étaient mêlés une bande de gens sans aveu, conçurent alors le projet, aussi coupable qu'insensé, d'incendier le village de Montmartre ainsi que les barrières et les rues de Paris adjacentes; mais grâce à la présence d'esprit et au courage déployés en cette circonstance par le général Desfourneaux, on comprima ce commencement de sédition, et la partie menacée de la capitale fut préservée. Le jour où ce coupable complot devait éclater, des gardes nationaux arrêtèrent à Montmartre deux canonniers qui étaient sur le point de mettre le

---

[1] *Dictionnaire de tous les environs de Paris*, p. 439. — Cheronnet, p. 64.

[2] *Dictionnaire de tous les environs de Paris*, p. 440.

feu au magasin contenant les poudres destinées à la défense de la butte, et malgré leur résistance, ils parvinrent à les conduire à l'état-major de la place de Paris, sauvant ainsi, par leur énergie, cette commune d'un effroyable malheur [1].

Montmartre avait eu beaucoup à souffrir pendant les deux années de l'invasion. Ses fortifications élevées rapidement avaient bouleversé le sol dans maint endroit ; beaucoup de maisons avaient été détruites ou considérablement endommagées par le feu de l'artillerie ; de plus, en 1814, durant les premiers jours qui suivirent l'arrivée des alliés, nombre d'habitations avaient été dévastées [2]. L'année suivante cette commune dut entretenir une grande quantité de troupes étrangères. Depuis le commencement de juillet jusqu'à la fin de décembre, sept à huit mille hom-

---

[1] Cheronnet, p. 64. — Extr. *d'un certificat de la mairie de Montmartre*, 16 janvier 1816. (Archives de l'Hôtel-de-Ville.)

[2] *Lettre du préfet de la Seine au ministre de l'intérieur*, 31 août 1818. — *Lettre de M. Faveret, maire de Montmartre, au sous-préfet de Saint-Denis*, 20 novembre 1816. (Archives de l'Hôtel-de-Ville.)

mes de l'armée anglaise y furent cantonnés [1] ; aussi en décembre 1816, le roi Louis XVIII accorda à Montmartre une somme de 16,000 fr. comme indemnité des dégâts causés par les deux invasions [2].

[1] *Lettres de M. Prast, maire-adjoint de Montmartre, au préfet de la Seine ;* datées des 16, 22 août et 10 octobre 1815. — *Rapport au préfet de la Seine* du 20 décembre 1815. (Archives de l'Hôtel-de-Ville.)

[2] Extr. des Archives de l'Hôtel-de-Ville.

CHAPITRE VIII.

Le culte à Montmartre pendant la révolution. — Réouverture de l'église. — Principaux ecclésiastiques ayant appartenu à cette paroisse.— Fondation de la nouvelle église de Notre-Dame de Clignancourt. — Cimetières ; personnages distingués inhumés à Montmartre. — Hôtel-de-Ville. — Octroi. — Asile de la Providence. — Asile des vieillards. — Écoles publiques, maisons d'éducation. — Fontaines ; service des eaux. — Moulins. — Annexion de Montmartre à Paris. — Chiffre de la population.

Nous avons réuni dans ce chapitre quelques faits historiques de dates différentes relatifs à l'histoire de Montmartre, ainsi que d'intéressants détails sur cette commune. Mais nous racontons sans avoir même essayé d'apporter, entre les différents sujets dont nous parlons, une liaison que leur diversité rendrait impossible.

A la suite de la réunion à la capitale de la

partie *intra muros* de Montmartre, la petite chapelle de Notre-Dame de Lorette qui, depuis plus d'un siècle, était une succursale de la vieille église, devint à son tour une paroisse séparée. Dans le mois de mars 1791, M. l'abbé Castelan, mis en demeure d'opter entre la cure de Montmartre, dont il était pourvu, et la nouvelle cure de Notre-Dame de Lorette, choisit de préférence cette dernière, qui comprenait la majorité de ses anciens paroissiens [1]. En 1800, cette chapelle fut vendue et démolie. Deux ans après, on érigea en succursale de Saint-Roch, sous le même titre de Notre-Dame de Lorette, une chapelle dédiée à saint Jean, qui se trouvait dans la rue du Faubourg Montmartre, contiguë au cimetière de Saint-Eustache. L'église actuelle de Notre-Dame de Lorette, commencée en 1824, ne fut complétement achevée qu'en 1836.

Lorsque en vertu du décret de la Convention, tous les objets en métal provenant de l'abbaye

---

[1] *Lettres de M. Castelan, curé de Montmartre*, des 5, 7, 11 et 14 mars 1791. (Archives de l'Hôtel-de-Ville).

de Montmartre furent portés à Saint-Denis pour y être vendus, la commission temporaire des arts résolut que, par exception, quatre colonnes, une statue de saint Denis, et quelques autres objets ne seraient point mis en vente et resteraient en dépôt dans les magasins de l'État¹.

L'église de Montmartre, par suite d'une réclamation de la société populaire, qui demandait avec insistance la destruction complète de tout ce qui pouvait rappeler l'ancien régime, fut entièrement dépouillée des bas-reliefs, figures, et en général de tous les objets d'art dont elle était ornée. L'antique édifice, consacré jadis aux apôtres de la France par le pape Eugène III, devint alors pour Montmartre *le temple de la Raison* ².

---

¹ *Lettre du président de la commission temporaire des arts adjointe au comité d'instruction publique adressée aux administrateurs du district de Franciade*, 28 floréal an II. Paris. (Archives de l'Hôtel-de-Ville.)

² *Lettre de la municipalité de Montmarat au directoire du district de Franciade,* 28 floréal an II. (Archives de Hôtel-de-Ville.)

Après la terreur, quand il fut permis aux fidèles de se rassembler pour prier en commun, on établit dans une maison particulière, sise au bas de la butte, près des bâtiments abandonnés de l'abbaye, un oratoire destiné aux exercices du culte, et auquel l'abbé Castelan, ancien curé de Montmartre et de Notre-Dame de Lorette, fut attaché en qualité de desservant. Mais cet endroit était peu fréquenté, et la force de l'habitude et de la tradition est toujours si grande sur l'esprit des peuples, que le plus grand nombre s'obstina à venir invoquer Dieu dans l'ancienne église délaissée, même sans le concours d'aucun prêtre [1]. Enfin, quelque temps après, sur la demande et à la grande satisfaction des habitants, le vieil édifice fut rendu au culte, et M. Castelan en redevint le pasteur [2].

[1] Extr. des Archives de l'Hôtel-de-Ville.
[2] 12 germinal an III. *Extr. du registre des délibérations de Montmartre en assemblée du conseil général de la commune, en présence des officiers municipaux, agent national et notables.* (Archives de l'Hôtel-de-Ville).

Lorsque le gouvernement réorganisa les fabriques des églises, conformément au concordat, qui n'accordait de curés et de vicaires qu'aux communes chefs-lieux de canton, la succursale de Montmartre n'eut plus alors qu'un desservant. En 1814, lors de l'invasion, cette fonction était exercée par M. Caire de Blazer, qui trouva dans cette douloureuse circonstance une occasion de se signaler.

Pendant tout le temps que dura le combat du 30 mars, où périrent plusieurs habitants de Montmartre, on vit ce vénérable ecclésiastique, sans prendre aucune précaution pour sa propre sûreté, s'empresser auprès des mourants et des blessés, s'efforçant par ses soins d'adoucir leurs souffrances et leur prodiguant les consolations de la foi. De concert avec les autorités municipales et militaires, il fit relever un grand nombre des morts qui couvraient le champ de bataille, et ces glorieuses victimes de la guerre reçurent par ses soins une sépulture convenable dans l'ancien petit cimetière de la paroisse [1]. Après avoir ainsi donné des preuves du plus courageux dévoûment, M. de Blazer, grâce à son utile et officieuse intervention auprès des états-majors des troupes étrangères, contribua puissamment à préserver les habitants de Montmartre des plus graves calamités.

Par suite des événements de 1814 et de 1815, l'église paroissiale se trouvait dans un état de dégradation tel que le manque de toiture exposait les fidèles à toutes les intempéries des saisons; le peu de ressources dont la commune pouvait alors disposer empêcha pendant quelque temps d'exécuter à l'édifice les réparations les plus nécessaires. Mais, grâce à un secours de 1,500 francs donné par Madame la duchesse d'Angoulême dans le courant de l'année 1818, et à une somme de 2,341 francs résultant d'une imposition extraordinaire autorisée, il fut possible, dès l'année 1819, de procéder à la restauration générale et complète de l'église de

---

[1] Cheronnet, p. 63 et 202.

Montmartre, qui depuis a été classée au nombre des monuments historiques [1]. Par une ordonnance royale du 12 décembre 1827, cette succursale, à la sollicitation de M. l'abbé Sallesse, qui en était titulaire, fut alors érigée en cure de seconde classe [2].

L'église actuelle de Saint-Pierre de Montmartre conserve encore de sa construction primitive quatre colonnes en marbre noir et blanc, d'un seul bloc, surmontées d'un chapiteau à feuilles d'acanthe : deux sont placées à l'entrée, et les deux autres à l'extrémité de l'édifice, dans la chapelle abandonnée de l'ancienne abbaye; ces colonnes, qui accusent une haute antiquité et qui proviennent peut-être de l'un des temples païens que l'on prétend avoir été construits sur Montmartre, attirèrent l'attention de Napoléon Ier lorsqu'il vint visiter l'église. On remarque en-

---

[1] *Lettres de M. le préfet de la Seine au ministre de l'intérieur,* des 31 août 1848 et 14 avril 1849. (Archives de l'Hôtel-de-Ville.)

[2] Extr. des Archives de l'Hôtel-de-Ville.— Cheronnet, p. 204.

core dans ce lieu la pierre des fonts baptismaux, qui a près de trois cents ans d'existence, ainsi que le constate son millésime de 1537[1].

L'église de Montmartre a compté parmi ses titulaires, indépendamment de ceux que nous avons déjà nommés, quelques hommes distingués qui doivent trouver place ici.

Merlin, contemporain de François Ier et auteur de plusieurs livres, dont le plus remarquable est l'*Édition des conciles,* premier travail de ce genre qui ait été publié, avait été pendant quelque temps curé de cette paroisse. Devenu ensuite grand pénitencier de Paris, archiprêtre de la Madeleine et chanoine de Notre-Dame, il fut enfermé par ordre du roi, en 1527, dans le château du Louvre, à l'occasion d'un sermon qui avait eu un grand retentissement à la cour et à la ville, et dans lequel il avait attaqué plusieurs personnages de l'époque. Après deux années d'emprisonnement, François Ier l'exila à

---

[1] *Itinéraire de la vallée de Montmorency,* p. 209.

Nantes; mais il n'y resta que peu de temps, et en 1530, la clémence royale lui permit de revoir la capitale, où il mourut dans un âge très-avancé, le 26 septembre 1541. Ses paroissiens de Montmartre avaient toujours trouvé en lui le plus tendre et le plus zélé des pasteurs [1].

Le savant historiographe de la banlieue ecclésiastique de Paris nous parle aussi d'un autre ouvrage qui fut composé à Montmartre, c'est le *Livre des retraites*, que Jacques Bertot de Caen, confesseur du monastère, rédigea en 1662, pour Madame Renée de Lorraine, alors abbesse du lieu, et pour Mademoiselle de Guise, sa sœur [2].

Parmi les curés érudits de Montmartre, on cite encore l'abbé Louis Bail, prêtre docteur en théologie de la Faculté de Paris, sous-pénitencier de Notre-Dame de 1645 à 1653, lequel publia en latin des ouvrages de théologie qui méritèrent à

---

[1] L'abbé Lebeuf, t. III, p. 118. — *Itinéraire de la vallée de Montmorency*, p. 237.

[2] L'abbé Lebeuf, t. III, p. 118.

leur auteur une grande réputation de savoir [1]. L'abbé Claude Gilbert, licencié en droit, protonotaire du saint-siége apostolique, curé de Montmartre, mort en 1700; l'abbé Thévenin, prêtre docteur de Sorbonne et princier de l'église cathédrale de Metz [2].

L'église paroissiale était aussi le siége de deux confréries, l'une dite du *Saint-Sacrement*, et l'autre, de *Saint-Pierre* [3].

La commune de Montmartre n'avait jusqu'ici, pour pourvoir aux nécessités du culte, que l'église paroissiale, beaucoup trop petite pour une population qui, depuis 1832, s'est plus que décuplée. Sur la proposition de l'administration locale, le conseil municipal, voulant satisfaire au vœu général des habitants, en vertu d'une délibération du 5 août 1858, ap-

---

[1] *Biographie universelle*, par Michaud. Nouvelle édition (article Bail), t. II, p. 624.

[2] Extr. des *Registres paroissiaux*.

[3] *Registre de la dépense de l'abbaye*, commencé le 1er mars 1779 et fini le 28 février 1789, à la date du 25 mai et 29 juin 1780. (Archives de l'Hôtel-de-Ville.)

prouvée par M. le préfet de la Seine, toujours si bienveillant pour les intérêts qui lui sont confiés, a voté la construction d'une nouvelle église. Dans ce but, la commune a fait l'achat, pour la somme de 102,262 fr. 60 cent., d'un terrain de 6,685 mètres qui se trouve Petite rue Saint-Denis, près de la rue des Portes-Blanches, où l'on élève en ce moment un édifice religieux qui pourra contenir deux mille fidèles, et qui doit être isolé de toute construction par des voies de 12 mètres de large. On estime que les frais d'exécution de ce monument s'élèveront à la somme de 7 à 800,000 francs [1].

La pose de la première pierre de cette nouvelle église, qui doit porter le nom de Notre-Dame de Clignancourt [2] a eu lieu le 2 mai 1859.

---

[1] Voir la brochure, intitulée : *Solennité de la bénédiction et de la pose de la première pierre de l'église Notre-Dame de Clignancourt, à Montmartre... le 2 mai 1859*; p. 10, 12, 13, 14 et 30.

[2] Quoique le neuvième et dernier chapitre de ce livre soit réservé exclusivement à l'histoire de Clignancourt, nous avons cru devoir parler ici de l'église de Notre-Dame de Clignancourt, dont la fondation se confond dans l'histoire de Montmartre.

Son Éminence Mgr le cardinal Morlot, grand aumônier de France et archevêque de Paris, et M. le sénateur préfet de la Seine, baron Haussmann, présidaient cette importante et pieuse cérémonie, à laquelle assistaient les autorités de l'arrondissement de Saint-Denis et celles de la commune de Montmartre, ainsi que toutes les corporations de la localité, avec leurs bannières. En mémoire de cette solennité, qui devait être le dernier acte de la commune de Montmartre, à la veille de l'annexion, l'administration municipale a fait frapper une médaille commémorative en bronze de grand module, sur laquelle, d'un côté, est représenté le nouvel édifice, et de l'autre, sont inscrits les noms de tous les fonctionnaires ecclésiastiques, civils et militaires présents à cette cérémonie [1].

En 1794, conformément à la loi qui défendait les inhumations dans l'intérieur des villes, et pour satisfaire aux plaintes des habitants des

---

[1] Voir l'Appendice (F).

quartiers voisins, l'autorité ordonna la fermeture d'un cimetière qui existait depuis longtemps au bas de Montmartre, et qui était entouré par de nombreuses maisons [1].

Pendant l'année 1798, l'administration municipale de Paris, dans le but de remplacer le cimetière établi depuis quelque temps dans la plaine de Clichy, et qui avait succédé à celui de Saint-Roch, fermé depuis peu, en fit ouvrir un nouveau hors des murs de la ville, entre les barrières Blanche et de Clichy, à la distance de 105 mètres environ des boulevards extérieurs, sur l'emplacement occupé jadis par une vaste exploitation de plâtre, au lieu dit, pour cette cause, *les Grandes Carrières*. Le nom de *Champ du repos* fut d'abord donné à ce terrain, destiné aux inhumations des cinq premiers arrondissements de la capitale. Resserrée d'abord dans un étroit espace et successivement agrandie par des achats de terrains sur les territoires de Mont-

[1] Extr. des Archives de l'Hôtel-de-Ville.

martre et de Clichy[1], la vaste nécropole que l'on appelle le cimetière Montmartre ou du *Nord*, occupe aujourd'hui une superficie de 10 hectares.

Parmi les nombreuses notabilités de la politique, de l'armée, de la science, des lettres et des arts qui reposent en cet endroit, nous citerons le maréchal de Ségur, l'amiral Baudin, le général comte de Girardin, le baron de Menneval, le général Cavaignac, Armand Marrast, Bineau, ancien ministre des finances; Ballanche, Madame Récamier; Nourrit, Kalbrenner; les peintres Paul Delaroche, Alfred et Tony Johannot; Adolphe Adam et Madame Haudebourg-Lescot, etc. Sur une des sépultures de ce cimetière on lit :

ICI EST DÉPOSÉ LE COEUR DU MARÉCHAL LANNES, DUC DE MONTEBELLO.

Les renseignements que nous possédons sur

---

[1] Extr. d'un *Rapport sur l'établissement d'un cimetière pour les cinq premiers arrondissements*, 12 messidor an VI. — Extr.

les cimetières particuliers de la commune de Montmartre sont tellement obscurs, qu'il nous est impossible de rien préciser sur leur origine ; on voit, dans les *Registres paroissiaux*, qu'en 1635 il y avait un cimetière à Montmartre, et qu'en 1688 on en établit un nouveau.

Dans le cours de l'année 1797, en attendant l'établissement du nouveau champ de repos qui devait remplacer pour Paris l'ancien cimetière de Saint-Roch, il fut ordonné aux administrations des cinq premiers arrondissements de la capitale de conduire leurs morts dans le petit cimetière de la commune de Montmartre. Mais, en raison de l'exiguïté du terrain, il ne fut pas possible d'exécuter complétement cette prescription de l'autorité, et le deuxième arrondissement fut le seul dont les décédés furent conduits en ce lieu pendant le court espace de trois mois.

du *Registre des délibérations du département*, 17 frimaire an VI. — *Lettre du maire du deuxième arrondissement au préfet de la Seine*, 10 février 1806. (Archives de l'Hôtel-de-Ville.) — Saint-Fargeau, t. II, p. 669 — Dulaure, *Hist. de Paris*, t. VI, p. 184.

On remarque sur les tombes de cet ancien cimetière les noms des familles de Vaudreuil, de Maillé-Latour-Landry, de Laborde, de Flavigny, de Romanet, de Fitz-James, d'Houdetot, de Vintimille, de Caraman, de Fezensac, de Sourches, de la princesse de Galitzin, du docteur Portal, du baron Desportes, qui fut le premier maire de Montmartre, et du général Mathieu Dumas.

Un arrêté administratif du 11 mars 1823 permit au maire de Montmartre d'accorder des concessions temporaires dans le cimetière du Nord pour les décédés de cette localité [1], dont les inhumations se firent exclusivement en cet endroit pendant plusieurs années. La commune de Montmartre fut autorisée, par ordonnance royale du 4 mars 1830, à acquérir divers terrains du versant nord de la butte pour l'établissement d'un cimetière particulier [2]. Quoique suc-

---

[1] Extr. des Archives de l'Hôtel de-Ville.
[2] Cheronnet, p. 65. — Extr. des Archives de l'Hôtel-de-ville.

cessivement agrandi, ce lieu de repos, devenu trop étroit, a été fermé le 5 juillet 1858, et remplacé par un nouveau cimetière situé au delà des fortifications, au lieu appelé *la Pointe Saint-Denis*.

Vers la fin de l'année 1789, les conseillers communaux de Montmartre, se réunirent pendant quelque temps à *l'hôtel Malesherbes* qui se trouvait rue des Martyrs, dans la partie *intra muros* de la paroisse. En 1793, l'assemblée municipale tint d'abord ses séances dans une maison située près de l'église. Puis elle fut installée sur la place du Tertre, au premier étage de l'ancien presbytère, dans une chambre où l'on rédigeait les actes de l'état civil ; la même pièce servait aussi de salle d'école. L'instituteur primaire remplissait alors les fonctions de secrétaire de la mairie. Ce modeste local, qui était loué 150 fr. par an, servit de maison commune pendant plus de vingt années [1]. Par la suite la mairie fut tour à

---

[1] *Regist. des délibérations de Montmartre*, 28 *floréal*, 25 *ventôse*, et 4 *brumaire an II*. (Archives de l'Hôtel-de-Ville.)

tour transportée passage des Beaux-Arts, grande rue Royale et passage de l'Arcade. La population s'étant considérablement accrue à partir de 1830, et le besoin d'un édifice spécialement affecté au service municipal se faisant sentir davantage de jour en jour, une ordonnance royale du 19 décembre 1835 autorisa la commune à acquérir des bâtiments et dépendances situés place de l'Abbaye n°s 8 et 10, pour y établir un hôtel-de-ville, ainsi qu'une école et, dans ce but, à s'imposer extraordinairement, pendant cinq années, à une somme de 20,000 francs[1]. Ce bâtiment, qui sert encore aujourd'hui de mairie au XVIIIe arrondissement de Paris, fut inauguré en 1837. Dans la grande salle on lit l'inscription suivante :

Cet édifice communal construit en MDCCCXXXVI, a été inauguré le III mai MDCCCXXXVII par M. le comte de Rambuteau, pair de France, et préfet du département de la Seine.

[1] Extr. des Archives de l'Hôtel-de-Ville.

L'établissement de l'octroi de Montmartre remonte à 1822; il a produit pour l'année 1859 un revenu de 468,228 fr. 29 centimes.

Dans la chaussée des Martyrs au n° 13, se trouve *l'Asile de la Providence,* dont l'existence date de 1804, et qui doit sa création à M. Micault de la Vieuville, lieutenant-colonel de cavalerie en retraite, chevalier de Saint-Louis, et à Madame de la Vieuville, sa femme. Une ordonnance royale du 24 décembre 1817 déclara établissement d'utilité publique cette institution, à qui elle reconnut une existence légale, et dont elle nomma le fondateur, administrateur en chef. Soixante vieillards des deux sexes habitent cette maison, dont le service est fait par des religieuses. Un aumônier dessert la chapelle, où la messe est célébrée chaque jour. L'établissement est soumis à la surveillance d'un conseil d'administration, et placé sous l'autorité du ministre de l'intérieur [1].

---

[1] Quarante-huit vieillards payent une modique pension par an et les douze autres places sont gratuites.

En exécution d'une délibération du bureau de bienfaisance du 31 janvier 1854, approuvée par M. le préfet de la Seine, le 10 février suivant, et d'une autre délibération du conseil municipal du 1er février, également approuvée le 14 du même mois, l'administration de Montmartre a créé un hospice que l'on appelle aujourd'hui *Asile des vieillards*. Trente indigents des deux sexes, réunissant les conditions d'admissibilité, y sont logés chacun dans une chambre particulière ; il leur est alloué par mois individuellement douze kilogrammes de pain, quatre de viande, du combustible et une petite somme d'argent ; en cas de maladie, ils reçoivent les soins des médecins du bureau de bienfaisance et les médicaments leur sont fournis gratuitement ; aux approches de la mauvaise saison, on leur distribue des vêtements et des objets d'hiver. Cet établissement charitable, inauguré le 15 août 1854, est situé rue Saint-Denis (xviiie arrondissement).

Dans ces derniers temps, Montmartre possédait quatre écoles communales, deux de garçons et deux de filles, fréquentées par sept cent soixante élèves, et deux salles d'asile, où l'on comptait trois cent soixante jeunes enfants. Il y avait, en outre, dans cette commune, un grand nombre de pensions et d'institutions particulières pour les deux sexes.

Il existait anciennement à Montmartre quatre fontaines principales, que l'on désignait sous les noms de *Saint-Denis*, *du But* ou *du Buc*, *de la Bonne eau*, vulgairement appelée *la Bonne*, et *la Fontenelle*. Chacune de ces sources a laissé son nom à une rue encore existante.

La fontaine de *la Bonne eau*, appelée aussi *Belle étoile*, dont les derniers vestiges ont disparu depuis quelques années, et qui se trouvait au nord-est de la montagne, dans la rue de *la Bonne*, était celle dont on faisait le plus d'usage dans le milieu du xviiie siècle.

Les nombreuses excavations produites par l'extraction du plâtre vers la partie orientale de la butte ont occasionné depuis près de cent cinquante ans le desséchement de *la Fontenelle*[1], petite source qui se trouvait au bas de la butte.

La fontaine *du But*, qui existe encore, était probablement celle à laquelle dans le siècle dernier on donnait le nom de *Fontaine de Mercure*, en souvenir du temple païen dont nous avons parlé au commencement de ce livre. L'abbé Lebeuf en fait souvent mention, et dit que, de son temps, on la désignait sous le nom de la *Fontaine de Bue*. Selon ce savant, « ce petit torrent, » qui alors servait d'abreuvoir et de lavoir, comptait plus de quinze siècles d'existence, et paraissait avoir été considérable anciennement[2].

La fontaine *Saint-Denis* était située au lieu dit *les Bourdonnements*. C'est à celle-ci que se rapporte la légende miraculeuse que l'on raconte concernant le premier évêque de Paris. Saint Denis, après avoir été décapité sur Montmartre,

---

[1] M. de Caylus, t. III, p. 387.
[2] L'abbé Lebeuf, *Lettre du 20 janvier* 1738. (Mercure.) — *Hist. de la banlieue ecclésiastique*, t. III, p. 119. — *Dissertations sur l'hist. ecclésiastique*, t. I, p. 156.

se releva, dit-on, et ayant pris sa tête dans ses mains, marcha environné d'un chœur d'anges qui chantaient les louanges de Dieu jusqu'à l'extrémité occidentale de la montagne. Là, il s'arrêta et lava sa tête dans l'eau d'une source qui se trouvait sur le versant de la colline, et qui depuis lors conserva la vertu de guérir les fièvres. Le peuple avait donné le nom de *Saint-Denis* à cette fontaine. A peu de distance se trouvait une statue très-ancienne, faite en pierre, que la piété des fidèles avait élevée en souvenir de l'évêque martyr, et qui représentait le saint revêtu d'une chasuble et tenant son chef dans ses mains [1].

En 1810, l'administration ayant autorisé l'exploitation d'une carrière dans des terrains voisins de cette source, dont le nom rappelait un des plus précieux souvenirs de notre histoire religieuse, les eaux, dont la direction fut changée, disparurent complétement, et aujourd'hui la fontaine *Saint-Denis*, autre-

---

[1] Doublet, *Hist. chronologique*, p. 526 et 527. — Voir aussi *la France convertie*, p. 47.

fois si célèbre, n'est plus qu'un fait légendaire.

Dans le but d'approvisionner d'eau la commune de Montmartre, qui en était totalement privée, on posa le 26 mars 1835, sous l'administration de M. Véron [1], la première pierre d'un réservoir qui fut complétement achevé l'année suivante. Une machine hydraulique, mue par une pompe à feu établie à Saint-Ouen, sur les bords de la Seine, fait parvenir les eaux du fleuve à une hauteur de 130 mètres sur le sommet de la butte, où elles sont reçues dans le réservoir principal placé à l'extrémité de la rue du Vieux-Chemin. Cette petite construction contient 125,000 litres d'eau ; il existe un réservoir supplémentaire qui en reçoit encore 25,000.

---

[1] M. Véron, adjoint de Montmartre du 1er juin 1809 au 22 septembre 1830, et depuis cette dernière époque maire jusqu'au 29 mai 1844, est décédé dans les premiers jours de février 1861, âgé de près de cent ans. Ce doyen des fonctionnaires municipaux, qui comptait trente-deux années de services, avait voulu finir sa vie au milieu de ses anciens administrés, qui se rappelaient avec reconnaissance et respect que, dans les temps les plus difficiles, M. Véron s'était toujours montré véritable homme de bien autant que magistrat énergique et éclairé.

Nous ne pouvons pas nous dispenser de parler des moulins à vent de Montmartre, qui de temps immémorial ont donné à la vieille butte une physionomie particulière.

Vers le milieu du xviie siècle, cette colline en était, dit-on, couverte; on en comptait douze en 1786; mais depuis cette dernière époque ce nombre a toujours été en diminuant. Déjà, en 1795, il n'en restait plus que dix [1]; il y a quelques années, on remarquait vers l'extrémité orientale de la montagne, près de l'église paroissiale, le moulin *de la Lancette*, qui jadis appartenait à l'abbaye, et qui s'est affaissé par suite d'un éboulement [2]. Deux moulins seulement sont encore debout : *But-à-fin* [3], et *de la Petite-*

---

[1] Extr. du *Registre des délibérations de Montmartre*, 7 messidor an III. (Archives de l'Hôtel-de-Ville.)

[2] Cheronnet, p. 66.

[3] D'anciens habitants de Montmartre nous ont assuré que *but-à-fin* était le nom de ce moulin, dont la position n'est pas la même que celle du moulin de *boute à fin*, que nous voyons indiqué sur les plans de Paris faits par l'abbé de La Grive, Jaillot, et Robert de Vaugondy [*].

[*] Bibliothèque impériale (Estampes).

Tour, dit aussi moulin *de la Galette;* il ne reste que le souvenir des moulins *Vieux*, *Neuf*, *de la Poule, de la Vieille-Tour, de la Grande-Tour, du Palais, Radet, Paradis*, ainsi que des moulins *de la Béquille* et *de la Fontaine-Saint-Denis,* qui déployaient leurs ailes près de la fontaine, dont le dernier avait pris le nom. Naguère un bal public, le *Château des Brouillards*, rappelait le moulin *des Brouillards,* dont une rue perpétue le souvenir.

Conformément à la loi du 16 juin 1859 sur l'extension des limites de Paris, le 1er janvier 1860 les communes supprimées de Montmartre, la Chapelle et une portion des Batignolles ont été réunies à Paris, dont elles forment le xviiie arrondissement. La fraction de territoire appartenant à Montmartre qui se trouvait au delà des fortifications a été annexée à Saint-Ouen. En vertu du décret rendu par l'empereur le 9 février 1859, sur le rapport de M. Delangle, ministre de l'intérieur, et par déclaration recueillie dans l'enquête ouverte le 15 du même mois dans les arrondissements de Paris et des communes ou sections de communes intéressées, les habitants de Montmartre, appelés à émettre leur avis concernant le nouveau projet d'annexion, se sont prononcés unanimement en faveur de cette importante mesure, due à l'initiative de Napoléon III.

Maintenant que la commune de Montmartre a cessé d'exister, il n'est point sans intérêt de jeter un coup d'œil sur la marche des progrès de sa population pendant les soixante-dix dernières années :

En 1791, on comptait seulement à Montmartre 197 citoyens *actifs* [1]. Si l'on en croit le *Registre des délibérations* de cette commune, la population approximative, en y comprenant les femmes et les enfants, n'était, le 7 messidor an III, que de 800 âmes [2]. Mais suivant un autre document existant aux Archives de l'Hôtel-de-Ville, il y aurait eu, le 9 pluviôse an III, à

[1] *Hist. de Clichy*, p. 266.
[2] Extr. des Archives de l'Hôtel-de-Ville.

Montmartre, 1,365 habitants; les mêmes archives nous apprennent encore qu'en 1821, Montmartre et Clignancourt ne comptaient que 2,206 âmes. La population de Montmartre, qui, en 1832, n'était que de 4,630 habitants, s'élevait en 1857 à 36,450[1]. Le recensement officiel de 1861 a produit les chiffres suivants pour le xviiie arrondissement, qui, on le sait, a englobé dans ses limites les deux communes de Montmartre et de la Chapelle, une fraction des Batignolles, et quelques terres appartenant à Saint-Ouen :

Quartier des Grandes-Carrières. .	24,728
— de Clignancourt	38,836
— de la Goutte-d'Or. . . .	30,871
— de la Chapelle	12,193
Total général. . .	106,628

---

[1] Voir le *Bulletin des lois*, IXe série, t. IV, août 1832. Ordonnance du 11 mai 1832, p. 751. — *Ibidem*, IXe série, 1er semestre de 1857, t. IX, p. 294.

D'après cela, on voit que la population des quartiers des Grandes-Carrières et de Clignancourt, qui représentent Montmartre, ainsi qu'une petite portion de Batignolles et de Saint-Ouen, se compose de 63,564 âmes; en retirant de ce chiffre 6,000 habitants venant des Batignolles et 1,000 venant de Saint-Ouen, il reste environ 57,000 habitants pour l'ancienne commune de Montmartre.

CHAPITRE IX.

Hameau de Clignancourt, opinion sur l'origine de ce nom. — Fief, seigneurs. — Chapelle de la Trinité. — Habitants notables. — Maison seigneuriale.

Nous avons vu précédemment que lors de l'établissement des moines de Saint-Martin à Montmartre (1096), Vautier Payen et Hodierne, principaux seigneurs et propriétaires de la montagne, avaient donné à ces religieux quelques terres, ainsi que les droits y afférents[1]. Nous lisons dans Sauval[2] qu'en 1133, à l'époque de la fondation du monastère des Bénédictines, l'abbesse n'eut sous son autorité qu'une partie de Montmartre. Il y avait donc plusieurs pro-

---

[1] Voir p. 32. — Sauval, t. I, p. 351. — L'abbé Lebeuf, t. III, p. 99.

[2] *Antiquités de Paris*, t. I, p. 356.

priétaires, et Payen et Hodierne donnèrent seulement aux moines de Saint-Martin le terrain que ceux-ci, quelques années plus tard, cédèrent à l'abbaye. Très-probablement, l'autre partie de Montmartre, dont il n'est point parlé à l'occasion de ces échanges et donations, et que l'on croit avoir appartenu à l'abbaye de Saint-Denis, était ce que dans la suite on a appelé *Clignancourt ;* un ancien plan de Paris, exécuté sur tapisserie en 1540, désigne en effet sous ce nom le versant nord de la butte, ainsi que tout le territoire qui l'entourait dans un rayon fort éloigné [1].

L'étymologie de *Clignancourt* nous est inconnue. Dans le Journal d'un bourgeois de Paris, rédigé sous le règne de Charles VI, cet endroit est appelé « *Glignencourt.* » L'abbé Lebeuf croit que cette partie de Montmartre avait dû appartenir primitivement à un nommé *Cléninus*, dont on aurait fait *Clénini-Cortis* ou *Curtis*, puis *Clignancourt*. Il existait en ce lieu, au XIII° siècle,

---

[1] Bibliothèque impériale, (Cartes et plans.)

une maison de plaisance appartenant à un seigneur, qualifiée *Dominus de Clignancourt* [1].

De 1426 à 1483, le fief de Clignancourt, appelé aussi la *Fosse-Turquan* appartenait à François de l'Arche, notaire; il lui avait été apporté par sa femme, Anne Turquan, dont la famille le possédait avec l'agrément de l'abbé de Saint-Denis, propriétaire de cette portion de la seigneurie de Montmartre [2].

En 1579, Clignancourt, ou au moins une partie, appartenait à Jacques Liger ou Legier, trésorier du cardinal de Bourbon. Ce prélat, qui portait aussi le titre d'abbé de Saint-Denis, avait sans doute gratifié son trésorier, lequel était aussi conseiller-secrétaire du roi, d'une part de la seigneurie de Clignancourt [3].

---

[1] *Dissertations*, t. I, p. 150 et 151. — *Hist. de la banlieue ecclésiastique*, t. III, p. 120 et 121.

[2] Registre intitulé : *Papiers de saisines et registres des censives du fief de Clignancourt*. (Archives impériales.)

[3] L'abbé Lebeuf, t. III, p. 122. — *His*. *chronologique de la grande chancellerie de France*, par Abraham Tessereau, in-folio. Paris, 1710, p. 200.

Jacques Liger, qui souffrait de la goutte, ne pouvant se rendre à l'église de Montmartre, fit élever, dans un emplacement dépendant de la ferme de l'abbaye, sur le versant nord de la butte, une chapelle dédiée à la Sainte-Trinité ; l'évêque de Paris permit d'y faire célébrer la messe les dimanches, ainsi que les jours de fête, par le curé de Montmartre ou par un prêtre approuvé par celui-ci, mais il fut stipulé que cette fondation ne dispenserait pas les habitants de Clignancourt d'assister aux offices de l'église paroissiale, dont la nouvelle chapelle devait dépendre [1]. Dans le procès-verbal de la coutume de Paris, à la date de 1580, ce même Liger est aussi désigné comme seigneur de Montmartre (ce qui évidemment veut dire d'une partie de Montmartre) ; ce dernier titre se lisait encore sur son épitaphe, que l'on voyait dans l'église de Saint-Séverin, à Paris. A sa mort, survenue vers 1581 environ, son fils, qui s'appelait encore

[1] L'abbé Lebeuf, t. III, p. 122. — Cheronnet, p. 228.

Jacques Liger et qui était aussi secrétaire du roi, lui succéda comme seigneur [1]. Ce fut à lui que l'abbaye de Saint-Denis, en vertu d'un arrêt du Parlement, du 9 avril 1595, pour satisfaire à la subvention accordée au roi par le clergé, vendit, l'année suivante, ce qu'elle possédait encore des seigneuries de Clignancourt et de Montmartre [2]. Jacques Liger, deuxième du nom, mourut en 1620; il fut inhumé près de son père, dans l'église Saint-Séverin [3].

Nous lisons dans le P. Anselme [4] que Geneviève *Ligier,* fille de Jacques Ligier, seigneur de Graville en Normandie et de Montmartre près Paris, secrétaire du roi, et de Marie Buchot, avait épousé Pierre Catinat, seigneur de Direy, de la Chesnonière, etc., conseiller au Parlement, et que de ce mariage était issu Pierre Catinat, qui devint conseiller et doyen au Parlement,

[1] L'abbé Lebeuf, t. III, p. 122.
[2] Sauval, t. I, p. 356.
[3] L'abbé Lebeuf, t. III, p. 122.
[4] *Hist. des grands offic. de la couronne,* t. VII, p. 635, 636 et 637.

lequel fut père de l'illustre maréchal de ce nom.

Au xviie siècle, le cardinal de Retz, dernier abbé commendataire de Saint-Denis, auquel appartenait la haute seigneurie de Clignancourt, l'aliéna en faveur du couvent de Montmartre, qui, pour le droit de relief du rachat de ce fief, s'engagea à payer 1,000 livres à la mense abbatiale de Saint-Denis, à chaque mutation d'abbesse, rente que les Dames de Montmartre ont toujours fidèlement acquittée [1].

Parmi les noms des seigneurs qui successivement ont possédé Clignancourt, on trouve celui de Louis-Auguste de Bourbon, duc du Maine [2].

La petite chapelle de la Trinité était située place Marcadet, à l'encoignure de la petite rue Saint-Denis; l'abbaye en payait l'entretien, ainsi

---

[1] *Mémoire concernant la généralité de Paris*, par M. Phélipeaux, p. 38. bibliothèque de l'Arsenal. Manuscrit 1700. — Piganiol de la Force, édition 1742, t. I, p. 116, rapporté par l'abbé Lebeuf, t. III, p. 123. — Archives de l'Hôtel-de-Ville.

[2] *Dictionnaire des arrêts*, t. I, p. 20. — Cheronnet, p. 147.

que le traitement du desservant. Le curé de Montmartre y percevait tous les droits, et il y remplissait toutes les fonctions curiales[1]. Lorsque la procession septennaire de Saint-Denis venait à Montmartre, le clergé de cette localité se portait au devant du pieux cortége, jusqu'à cette chapelle, où les religieux de Saint-Denis faisaient une station [2].

Après avoir servi à la célébration du culte catholique pendant plus de deux siècles, ce lieu de prières fut fermé en 1792, par ordre du directoire de Saint-Denis, et les fers et les plombs qui en provenaient furent transportés à Paris [3].

---

[1] *Déclaration des biens et revenus de l'abbaye.* (Archives impériales.) — Extr. des *Registres du palais*, 19 mars 1717. — *Registre pour les dépenses de l'abbaye*, commencé le 1er mars 1779 et fini le 28 février 1789, à la date du 4 mai 1779. (Archives de l'Hôtel-de-Ville.)

[2] *Hist. de l'abbaye de Saint-Denis,* par dom Félibien, p. 439, rapporté par l'abbé Lebeuf, t. III, p. 123. — *Mercure* de juillet 1742, p. 1574. — Voir l'*Appendice* (C).

[3] Extr. des Archives de l'Hôtel-de-Ville.

Le petit bâtiment où se trouvait la chapelle de la Trinité existe encore. Il sert aujourd'hui de poste aux sapeurs-pompiers.

Dès la fin du xviie siecle, Clignancourt comptait déjà quelques habitants notables, car nous lisons dans les *Registres paroissiaux* :

« 1702. — 9 janvier :

« Inh. dans l'église de Céans de Mre Jacques Dufossé, ch^{er} de l'ordre du Roy, seigneur de Wateville, L^t des gardes du Corps de S. M. Brigadier de ses camps et armées, 67 ans, décédé d'hier dans sa maison à Clignancourt.

« THÉVENIN, Curé. »

Avant 1789, il y avait à Clignancourt une manufacture de porcelaines appartenant au comte d'Artois [1]. Cet établissement, qui produi-

---

[1] Cette fabrique occupait la maison portant actuellement le n° 35, rue Saint-Denis (XVIIIe arrondissement).

Registres paroissiaux, à la date du 22 novembre 1784. (Chapelle de la Trinité.)

sait de beaux ouvrages, existait encore en 1795[1].

On voit encore au n° 103 de la rue Marcadet, l'ancienne demeure des seigneurs de Clignancourt. Cet ancien petit manoir, dont la construction remonte à une époque très-éloignée, appartenait au monastère de Montmartre; l'abbesse Marie de Beauvilliers le vendit à Jacques Liger, deuxième du nom, qui y établit sa résidence. Après la mort de celui-ci, par suite du partage que ses héritiers firent entre eux, cette propriété ainsi que les terres en culture qui y étaient attachées, échurent à Mademoiselle Marguerite Liger de Graville, sœur du défunt, à charge par elle de faire célébrer tous les jours à sept heures précises du matin, dans la chapelle de Clignancourt, une messe basse que son frère avait fondée à perpétuité pour le repos de son âme. Les titres de propriété que nous avons eus sous les yeux, désignent cette habitation, dont ils donnent la

---

[1] Extr. du *Registre des délibérations de Montmartre*, 7 messidor an III. (Archives de l'Hôtel-de-Ville.)

description, comme une belle et grande maison, avec des jardins spacieux, embellis par des bassins, des grottes et des fontaines qu'alimentaient des sources aujourd'hui disparues [1].

Après avoir puisé aux sources les plus authentiques et avoir extrait de tous les documents que nous avons compulsés les faits qui nous ont paru le plus digne d'intérêt, nous avons livré ce travail au public, non comme une œuvre complète, mais comme un témoignage du soin minutieux que nous avons apporté à faire connaître le passé d'une localité dont l'histoire se confondra désormais avec celle de la grande cité parisienne.

[1] Nous devons à l'obligeance de M. le vicomte de Romanet, l'un des propriétaires actuels de l'ancienne maison seigneuriale de Clignancourt, la communication des pièces qui attestent l'authenticité des détails que nous venons de donner à ce sujet.

APPENDICE

(A)

Charte de fondation de l'abbaye de Montmartre.

In nomine sanctæ et individuæ Trinitatis Amen. Ego Ludovicus Dei misericordia in Regem Francorum sublimatus notum fieri volumus cunctis fidelibus tam futuris quam præsentibus, quod pro remedio animæ meæ et prædecessorum meorum, et prece et consilio carissimæ uxoris meæ Adelaidis, ecclesiam et abbatiam in monte, qui Mons-martyrum appellatur, auctore Deo construximus; cui videlicet Ecclesiæ, et sanctimonialibus ibidem Domino famulantibus hæc, quæ subscripta sunt, in perpetuum habenda et possidenda de rebus et possessionibus nostris, annuente Ludovico filio nostro jam in Regem sublimato, donamus et concedimus, villam ante sanctum Clodoaldum sitam, quæ vocatur Mansiovillum cum omnibus appenditiis suis, vineis, pratis, et nemore, ad suos et hominum suorum usus. Molendinum apud Clippiacum cum conclusione aquæ, et molitura totius villæ. In civitate Parisius furnum, quem ibi proprium habebamus, cum omnibus consuetudinibus. In sylva quoque nostra, quæ Vulcenia vocatur, quotidie vehiculaturam unam mortuorum lignorum eis concessimus; domum præterea Guerrici, et stationes, et fenestras ibi constructas, et ejusdem terræ vicariam prædictis sanctimonialibus liberam prorsus ab omni consuetudine, et quietam perpetuo habendam dedimus. Omnibus siquidem innotescere volumus, quod Guilelmo Silvanectensi, cujus erat illius terræ vicaria, pro eadem vicaria stalum unum inter veteres stalos carnificum, et fenestras duas ex alia parte viæ Parisius in commutationem dedimus. Eisdem insuper sanctimonialibus dedimus hospites quatuor in foro nostro Parisius prorsus liberos ab omni exactione et quietos, et terram, quam emi a Theoberto filio Girardi, quæ vocatur Puncta, liberam, et quietam, et Piscaturam, quam Parisius in Sequana habebamus; et terram in insula de Bercilliis ab omni consuetudine liberam. Apud Chelam arpenta pratorum decem. In pago Sylvanectensi apud Brayum domum unam, et vineas, quas ibi habebamus; et terram uni carrucæ sufficientem, ab omni exactione et consuetudine liberam; ita quod de carruca illa, aut de aliis, si plures Deo donante carrucas ibi habuerint, nullam campi partem, nullam consuetudinem unquam tribuant. Dedimus etiam illis in pago Stampensi villam, quæ Tolfolium dicitur, cum omnibus appenditiis. In pago Milidunensi nemus, et navem ad ligna per Sequanam adducenda, ab omni exactione, et consuetudine prorsus liberam et quietam. Hospitem quoque unum ab omni exactione, equitatu, et tallia liberum ; ut annonam earum a Miliduno usque Parisius per Sequanam adducat, eo scilicet pacto, ut, si eis non bene servierit, mortuusve fuerit, alius ad hoc opus idoneus eis restituatur. In pago Gastinensi Mansionillos tres cum terra, et molendino, et cæteris eorum appenditiis. Quidquid etiam adipisci de feodo nostro poterunt, libere in perpetuum concedimus. Et Stampis furnum unum, quem ibi proprium habebamus, cum omnibus consuetudinibus. Apud Pratellum holdeum villam, quam ibi ædificavimus, prorsus liberam cum omnibus appenditiis. Sub silentio autem præterire non volumus, quod pro domo Guerrici, quam monachi beati Martini de campis in manu sua habebant, et pro Ecclesia Montis-martyrum, quam ipsi possidebant, nos eisdem monachis ecclesiam beati Dionysii de carcere, quam in manu nostra propria habebamus, cum omnibus ejus appenditiis in commutationem donavimus. Quod, ne valeat oblivione deleri, scripto commendavimus, et, ne possit a posteris infirmari, sigilli nostri auctoritate, et nominis nostri charactere, subterfirmavimus. Actum Parisius in palatio nostro publice anno incarnati Verbi MCXXIV[1],

---

[1] Nous avons dû conserver intact le texte de cette charte reproduite par Dubois ; mais il y a ici une erreur de date certaine,

regni nostri XXVII. concedente filio nostro Ludovico jam in regem sublimato anno III. adstantibus in palatio nostro, quorum nomina subtitula sunt, et signa. Signum Radulfi Viromanduorum Comitis et Dapiferi nostri, et Guilelmi Buticularii, et Hugonis Constabularii, et Hugonis Camerarii. Data per manum Stephani Cancellarii.

(Dubois, *Historia ecclesiæ Parisiensis*, t. II, p. 46 et 47.)

(B)

Mortuaire de l'abbesse Marie de Beauvilliers.

1657. — 21e AVRIL.

Le 21e Jour d'Apvril 1657 jour de la dédicace de l'Église de MM^{tre}, jour du Samedi, mourut à sept heures du matin haulte, puissante très-vertueuse fille Marie de Beauvilliers, de la Maison Illustre de S. Agnan, Religieuse et Abbesse de MM^{tre}, Laquelle a vescu l'espace de 84 ans, ayant estée l'Espacce de soixante sept

---

indiquée non-seulement par les mots *regni nostri XXVII*, mais encore par les récits de tous les auteurs qui ont parlé de cette période de l'histoire de Montmartre. Après des recherches consciencieuses nous nous sommes assuré que la date véritable était **1134** et non pas **1124**.

ans Religieuse au d. MM^{tre}, duquel tems elle a passé cinquante huict ans environ de l'office aux fonctions d'abbesse ayant succédé à Me de Clermont sa tante sa devancière abbesse, mise en possession de la d^e abbaye par Henry Quatre, d'heureuse mémoire, Roy des François. Laquelle a eu la réputation de Saincte et à laquelle tous les monastères de France voir mesme de tout le monde ont de l'obligation pour la bonne discipline réformation qu'elle a mise et tenue, mais particulièrement au d. MM^{tre}. L'odeur de Saincteté tant de sa vie que de ses mœurs et la mémoire de ses heroiques actions ne s'évaporeront et esteindront qu'avec le monde ; Dieu l'ayant préservée dans son enfance des mains de sa nourice laquelle par suggestion du diable qui prévoyoit le grand fruict de profit quelle causeroit à l'Église, a tenu un cousteau pour legorger dans son berceau, ce qui a esté descouuert et adoué par la nourice mesme qui fit justement à ses père et mère de lui ostez de ses mains, crainte que l'exécution n'en ariuast ; et depuis ayant estée eslüe Abbesse et reformant les religieuses et les réduisant dans leurs premières reigles a estée préservée quantité de fois de Dieu d'estre empoisonnée, bref elle a menée une vie admirable et austère le cours de sa vie la veille de la Feste de l'Invocation des corps de ST. DENIS, RUSTICQ et ELEUTHERE auxquels elle a eu tant de dévotion pendant sa vie que tout son soin n'a esté aultre que de leur faire construire des temples dédiez soulz le nom des Martyrs qui est un des plus et mieux ornés Temple de l'Europe, ce qu'il contient et auquel pend˕ toulte l'année est le concours de la dévotion de toulte la France et specialement des parisiens pour implorer l'assistance des Sts Martyrs qui ont souffert en ce lieu le supplice de la mort pour la foy de Jesus Christ et ont arrosé de leur sang cette terre qui produit aujourd'hui tant dames sainctes et Religieuses, et particulierement très haute et puissante princesse Françoise de Loraine Duchesse de Guyse, sœur du très gracieux Prince Henry de Loraine duc de Guyse Grand chambellan du Roy, qui a succédé à la d^e deffuncte Abbesse cy devant sa coadjutrice et auparavant abbesse de St-Pierre de Rhims qui moyennant la grace de Dieu..... (*illisible*) que la précedente a commencée. La d^e deffuncte Abbesse a esté inhumée le Lundy d'après sa mort, à MM^{ue}. à cinq heures après midy, deuant la grille au dedans du monastère ou la d^e dame de Guyse à present Abbesse, a faict paroistre l'amitié qu'elle luy portoit non seulement pendant sa vie mais aussy après sa mort et la magnificence des pompes funèbres de ses obsecques, ou Monseigneur l'Archevesque de Bordeaux nepveu de la deffuncte a faict la ceremonie pontificalle ..... (*illisible*) chacun y accourant de toutz partz, après auoir esté exposée l'espace de ..... (*illisible*) jours au public a descouuert ayant le visage plustost angelicq que humain..... (*illisible*) pour grande saincte dans le ciel.

Prions Dieu pour le repos de son ame comme font journellement ces filles Religieuses dudict Monastère qui ont esté voilées et faict profession entre ses mains jusquez au nombre de deux cent quarante.

Gilbert [1].

(C)

Pour donner une idée exacte de la procession septénaire de Saint-Denis à Montmartre, dont on a publié

---

[1] L'abbé Gilbert alors vicaire de la paroisse de Montmartre en devint plus tard curé.

Le mortuaire de l'Abbesse Marie de Beauvilliers se trouve dans les Registres paroissiaux de l'Église de Montmartre. Cette pièce originale, malgré son caractère authentique, doit renfermer plusieurs inexactitudes. Si l'on en croit cet acte, Marie de Beauvilliers aurait passé soixante-sept ans dans le couvent de Montmartre, dont elle aurait eu la direction pendant l'espace de cinquante-huit années environ. On voit également dans le mortuaire que Madame de Beauvilliers avait succédé comme abbesse à sa tante Madame de Clermont. Or, ces allégations ne peuvent être que le résultat d'erreurs. D'après ce que nous avons rapporté dans les chapitres III et IV de ce livre, Madame de Clermont fut remplacée par Claude de Beauvilliers, qui administra l'abbaye depuis 1589 jusqu'en 1590. Cette même année les sœurs du couvent élurent pour leur supérieure Catherine de Havard, qui exerça les fonctions d'abbesse jusqu'en 1598. Indé-

plusieurs relations imprimées [1], nous allons reproduire différents extraits d'un article intitulé : PROCESSION SO-LEMNELLE *que les Religieux Bénédictins de l'Abbaye Royale de S. Denis en France font tous les sept ans, de leur Église en celle de Montmartre*, qui se trouve dans le *Mercure* de juillet 1742 (p. 1570-1578), et où l'on voit la description de cette cérémonie telle qu'elle a eu lieu le dimanche 6 mai 1742.

. . . .

« Dès la veille on sonna toutes les Cloches de l'Ab-

pendamment du *Gallia christiana* qui raconte ces faits, on les trouve encore dans plusieurs auteurs modernes qui font autorité.

Nous avons dit aussi que Marie de Beauvilliers, placée à l'âge de dix ans dans le couvent de Beaumont où elle avait prononcé ses vœux le 12 juin 1590, ne quitta cette maison qu'en 1598 pour prendre la direction du couvent de Montmartre. Nous n'ignorons pas l'existence des versions contradictoires concernant Madame de Beauvilliers, mais ne pouvant pas éclaircir d'une manière précise les faits cités dans des textes qui diffèrent et se contredisent entre eux, nous avons cru devoir baser notre récit sur des ouvrages sérieux et estimés, tels que : les *Éloges des illustres en piété de l'Ordre de S. Benoît*, par Jacqueline Boüette de Blémur ; l'*Histoire des Ordres monastiques*, du P. Hélyot ; et la *Bibliothèque générale des écrivains de S. Benoît,* par dom Jean François.

[1] L'abbé Lebeuf, t. III, p. 3.

baye¹, à midi et au soir ; le Clergé Séculier et Régulier de la Ville, averti de se trouver à l'Église à l'heure et en la manière accoûtumée, s'y rendit vers les cinq heures du matin. Le Chantre de l'Abbaye commença à entonner l'Antienne *Exurge Domine*, etc., ensuite le Répons *De Jerusalem exeunt relequiæ*, etc., pendant lequel on partit au son des Cloches et des Tambours.

« Les Pelerins de S. Jacques avec leurs Croix et leurs habits de Pelerins, commencerent la Procession ; les PP. Récolets, en très-grand nombre, les suivirent immédiatement ; ensuite les Curés, au nombre de sept, avec tout le Clergé de leurs Paroisses ; ils étoient suivis des Chanoines de la Collégiale Royale de S. Paul à S. Denis de l'Etrée ; marchoit enfin toute la Communauté de l'Abbaye de Saint Denis, au nombre de plus de cent Religieux, et la Procession étoit terminée par le Chef de leur glorieux Patron, porté par douze Religieux, revêtus de Tuniques, qui se succédoient tour à tour, suivis du Religieux Célébrant, revêtu d'une Chape. La Compagnie des Chevaliers de l'Arquebuse, établie à S. Denis, en habits uniformes, marchoit sur deux lignes, aux côtés de la sainte Relique, étant sous les armes, Drapeau déployé, et les Tambours battant. Cette Compagnie n'abandonne jamais le S. Chef, depuis le moment qu'elle s'est rendüe auprès de lui dans l'Abbaye,

¹ Monastère de Saint-Denis.

avant le départ de la Procession, jusqu'à ce qu'il soit rentré dans l'Église de l'Abbaye ; et dans celle de Montmartre pendant tout ce temps qu'il y est exposé, deux Arquebusiers sous les armes sont sans cesse auprès de lui en faction.

« Ce précieux Chef est renfermé dans un Reliquaire magnifique, qui fait l'une des plus grandes richesses de tout le Trésor. L'Image du S. Martyr est de pur or. Sa Mitre est toute couverte de Pierreries et de Perles, aussi bien que les pendans. Les deux Anges qui soutiennent ce Chef, sont de vermeil doré ; le troisième, qui est sur le devant, est aussi de vermeil. Le Reliquaire qu'il tient en ses mains est d'or et enrichi de Perles et de Pierres précieuses sans nombre. Dans ce petit Reliquaire est renfermé un ossement de l'épaule de S. Denis. Ce fut l'Abbé Mathieu de Vendôme qui fit enchasser ainsi le Chef de ce S. Apôtre des Gaules. La Translation s'en fit par Simon, Cardinal, du Titre de Ste Cécile et Légat Apostolique, depuis Pape, sous le nom de Martin IV, en présence du Roy Philippe le Hardi, et de tous les Seigneurs de sa Cour.

« C'est dans cet ordre que partit la Procession de l'Abbaye, et qu'elle se mit en marche vers Montmartre, en chantant des Hymnes, des Répons et des Pseaumes conformes à la solemnité. Étant arrivée au Village de *Clignancour*, près d'une petite Chapelle, située sur le penchant de la Montagne, on fit la Station ordinaire, pendant laquelle arriva le Clergé nombreux de l'Abbaye de Montmartre, ayant à sa tête l'Abbé de La Rochefoucault, neveu de Madame l'Abbesse, Grand Vicaire de l'Archevêque de Bourges, et Député à l'Assemblée du Clergé ; il étoit revêtu pardessus son Surplis, d'une Étole et d'une Châpe de couleur rouge, accompagné de deux autres Ecclésiastiques, également en Châpes. Après les encensements et quelques Antiennes chantées par les Religieux de S. Denis, qui tiennent seuls le Chœur, la Procession continua sa marche, en chantant un Hymne de Santeüil, composée exprès pour cette Cérémonie.

« A la porte de l'Abbaye de Montmartre, en dehors, étoit un détachement de quatre Brigades de la Maréchaussée Générale de l'Isle de France, ordonné par M. le Comte de Maurepas, pour prévenir le désordre qui pourroit arriver par la grande affluence du Peuple. Ce détachement s'est trouvé sur le passage de la Procession, à son arrivée et à sa sortie, ayant l'épée haute ; il étoit commandé par M. Rulhière, Lieutenant.

« Lorsqu'on fut arrivé à l'Église de l'Abbaye Montmartre, tout le Clergé entra dans le Chœur des Dames Religieuses, par la porte des Sacremens, au son des Orgues et des Cloches, où après avoir chanté un Répons en l'honneur de S. Denis, et fait les encensemens accoûtumés, le P. Souprieur de Saint Denis, en l'absence du Grand Prieur, y célebra la premiere grande Messe, avec des Ornemens magnifiques, assisté de deux Diacres et de deux Sous-Diacres, pareillement revêtus, de deux

Acolites et de deux Thuriféraires, en Tuniques, tous Religieux ; elle fut chantée par les cinq Chantres, en Châpes, et par la Communauté de S. Denis, qui occupoit toutes les Chaires des Dames, lesquelles étoient à genoux devant la grille où étoit exposée la sainte Relique.

« Cette grande Messe finie, les Religieux se retirerent et allerent dans des apartemens preparés en dehors, pour y prendre quelques rafraîchissemens, aussi bien que le reste du Clergé Séculier et Régulier, et les autres Membres de la Procession. Pendant ce tems-là, les Dames Religieuses chanterent une autre grande Messe solemnelle, célebrée par le P. Doyen de S. Denis, avec un égal nombre d'Officiers Religieux qu'à la premiere grande Messe.

« Quelque tems après, avant que de sortir de l'Église, le P. Souprieur, assisté de deux Religieux en Châpes, présenta la Relique de S. Denis à baiser à Madame l'Abbesse, aux Religieuses et aux Pensionnaires ; et pendant cette Cérémonie on chanta au Chœur le *Te Deum*, ensuite on commença les grandes Litanies, et la Procession retourna dans le même ordre qu'elle étoit venuë le matin, et rentra dans l'Église de l'Abbaye S.-Denis, au son des Cloches, des Tambours et des Orgues. On fit quelques Prieres, et ainsi finit la Solemnité vers les cinq heures du soir.

» C'est ainsi que s'est faite cette année 1742, comme les précédentes, depuis plus de deux cent ans sans interruption, la Procession génerale de Montmartre. Le concours prodigieux et infini de Paris et des Environs la rend, à juste titre, une des Processions des plus solemnelles de toute la France.

« Les Religieux de S. Denis n'épargnant rien pour que tout s'y passe avec la décence et l'ordre convenable, plusieurs Suisses accompagnent la Procession et veillent avec grand soin à en écarter tout ce qui pourroit en troubler l'arrangement et la tranquillité ; le recueillement et la dévotion font le propre de cette Cérémonie Chrétienne ; chacun s'empressant, à l'envi, d'accompagner son saint Patron, du Lieu où il repose depuis tant de siècles, en celui qu'il a arrosé de son sang. On a vû cette année avec étonnement des Vieillards, Religieux de l'Abbaye, faire ce long trajet avec une ferveur que rien n'a pû arrêter. On y admira, entre autres, le P. Dom Paul Noel, âgé de 88. ans, qui y a assisté à pied comme les autres.

« Si les Religieux de S. Denis ont fait paroître en cette occasion tout ce qu'on pouvoit attendre de leur zèle, les Dames de Montmartre n'ont rien oublié de leur côté pour donner des marques sensibles et de leur attention et de leur piété. Plusieurs jours auparavant, ce n'étoient parmi elles que Prieres, Neuvaines et autres Actes de Religion, pour que Dieu accordât un tems convenable, qui pût leur procurer la grace de rendre à leur saint Patron leurs tendres et pieux devoirs.

« Madame l'Abbesse s'est donné des soins et des attentions infinies. Plusieurs Dames, de la première qualité, s'étoient renduës dans cette Abbaye, pour participer aux graces attachées à cette sainte Solemnité.

« Enfin, pour renouveller et constater la mémoire d'un si pieux Evenement, les Officiers de la Justice de S. Denis et de celle de Montmartre, qui ne quitterent point la Procession, dresserent un Procès verbal de tout ce qui s'étoit passé dans cette sainte Cérémonie, pour transmettre cette Mémoire à la Postérité. »

(D)

Voulant faire connaître à nos lecteurs la solennité qui eut lieu à Montmartre à l'occasion de la bénédiction de l'Abbesse Françoise-Renée de Lorraine, nous avons extrait ce qui suit d'un opuscule qui existe à la Bibliothèque impériale et qui a pour titre :

LA
BENEDICTION
DE
MADAME DE GVISE.
Abbesse de Mont-Martre
faite par monseignevr l'éminentissime Cardinal
Antoine Barberin,
Grand Aumosnier de France.
LE XXIV jour de may M.DC.LVII.

. . . .

« Le jour choisi pour cette celebre action, fut le Ieudy dans l'Octaue de la Pentecôte 24. de May. Son Eminence Antoine Barberin, neveu du Pape Vrbain VIII, et Grand Aumônier de France, fut prié de faire la Ceremonie. Et Mesdames les Princesses-Abbesses de Frontevraut, et de Ioüarre, d'estre Assistantes de Celle qui deuoit estre benie.

« Toute l'Eglise, les Cloistres, et les passages estoient tapissez. Mais le Chœur de l'Eglise, des plus belles tapisseries qui soient dans Paris. Le grand Autel orné auec tant d'industrie, de richesses et de magnificence qu'il ne s'y peut rien ajouter. Cete belle parure estoit conduite par les soins du P. du Fresnoy, Prieur-Curé de la Villette : et par le P. de Clausel, Aumônier du Duc de Guise, Religieux de la Mercy. Comme le seruice de l'Autel et les ceremonies par le P. Blemur, accompagné de ses Religieux de S. Victor.

« Tout estant ainsi disposé dès huict heures du matin, S. E. Barberin s'estant renduë à Mont-Martre, et presque à mesme temps Monsieur le Duc de Guise, la ceremonie commença entre neuf et dix.

» L'Abbesse ayant continué ses deuotes preparations, se rendit à l'Eglise auec ses deux Assistantes : les Abbesses de S. Estienne de Reims, et de Blie, les Coadjutrices de Reaulieu, de S. Andoche, et d'Origni. Le nombre des Personnes de qualité se treuua si grand, et le concours du Peuple si extraordinaire, que les Officiers et les Gardes furent bien en peine d'y faire garder l'ordre necessaire. »

Après avoir donné la description de la cérémonie religieuse pendant laquelle le cardinal donna la communion à l'abbesse nouvellement bénite, l'auteur de l'opuscule continue ainsi : « Ovtre l'affluance du Peuple, et nombre de Religieux presque de tous les Ordres, cette grande et illustre Assemblée estoit composée de beaucoup de Prelats, de Princes, de Seigneurs, de Dames : et presque de tout ce que la Cour a laissé d'éclatant dans Paris. Les plus remarquables que j'ay peu distinguer dans la foule, estoient l'archeuesque de Narbonne. Les Euesques de Limoges, de Montauban, de Nismes, d'Auxerre, du Puy, de Mascon, de Conferans, de Valance, auec plusieurs Abbez qualifiez. Les deux Princes, Enfans du Duc François de Lorraine. Les Princesses de Carignan, d'Harcour, d'Angoulesme. Les Duchesses, Mareschalles, Comtesses, et Marquises de Ventadour, de Chastillon, de Guebriant, de Ville-Roy, de Chaune, de Brienne, de Moruer, de Grignan, de Grimaud, de Saint-Agnan, de Canaples, de Montosier, de Tillieres, et autres; dont l'omission en ce lieu ne fera, s'il leur plaist, aucun prejudice à leur rang, ny à leur affection......

« A la sortie de l'Eglise le Cardinal Antoine, accompagné de tous les Prelats, Princes et Seigneurs, treuua la Table couuerte, comme on sçait que Monsieur de Guise entend tout ce qui est de la splendeur et de la magnificence. Les Dames disnerent auec les Religieuses, dans le Refectoire. Et diuerses Tables dans les sales du dehors, furent dressées pour tous Ceus qui s'y rencontrerent.

« L'apres diné ouurant, les portes du Monastere à tout le monde, comme c'est la coûtume en semblables ceremonies, le long chemin depuis Paris jusques à Mont-Martre, se couurit d'vne multitude incroyable de Personnes de toutes sortes d'âge et de conditions. En vn mot, la foule du Peuple se rendit si grande, qu'il n'y eut plus de mesure. Et l'auidité des Parisiens à voir cette Religieuse Fille de la Maison de Guise se rendit si importune, qu'après qu'elle eut assisté à Vespres, chantées en Musique; l'on fut contraint de la faire se remettre plus de dix fois aux fenestres de sa chambre, pour contenter cette multitude ;... »

Nous voyons encore dans cette relation que des pièces de vers furent aussi composées en l'honneur de cette pieuse cérémonie.

A la suite de ce qui précède, nous avons cru devoir transcrire la pièce suivante, qu'on lit dans les *Registres paroissiaux de Montmartre* (Abbaye).

1657. — 24ᵉ May.

« Le Jeudy... d'après la pentecoste fut benite et reçue Abesse du monastère de Montmartre, Très-haute et puissante et vertueuse Princesse Madame René, Françoise de

Lorraine Duchesse de Guyse, par Monseigneur l'Illustrissime Cardinal Antonin Barberin, assisté de MMgrs les Évesqz. de Limoges, Montauban Constance et auct, et de leurs religieuses Abbesses et quantité de Princes et Princesses et auct. personnes de condition, aiant l'affluence de tout le peuple de Paris et Païe circonvoisin, qui a de la porte de l'Abbaye *ouverte ce jour là*, pour voir les préparatifs tant de l'Église que de la maison, et la beauté du jardin et de la maison tant d'en hault que des Martyrs. »

(E)

Mortuaire de Françoise-Rénée de Lorraine.

1682. — 4ᵉ Décembre.

Le Vendredy. quatrieme jour de Decembre 1682 mourut sur les cinqz heures du soir d'une longue maladie de poictrine et d'un vomissement du cœur continuel très Haulte et Illustre Princesse Renée Françoise de Loraine, fille de très hault et puissant Prince de Joinville, Comte d'Eu Souverain du Chasteau Regnaud, Pair de France Chevalier des Ordres du Roy, Gouuerneur de Prouince, Admiral des Mers du Leuant.

Et de Henriette Catherine de Joyeuse, Duchesse de Joyeuse Veuve de Henry de Bourbon Duc de Montpensier, fille uniq et héritière de Henry, Duc de Joyeuse, Comte du Boucsage et de Catherine de la Valette dite du Nogaret laquelle Princesse Renée Françoise de Loraine estoit Abbesse de la Royale Abbaie de Montmartre, l'ayant gouvernée l'espace de vingt-cinq ans après la mort de très religieuse dame et Abbesse Marie de Beauvilliers de laquelle elle estoit coadjutrice ayant esté auparavant Abbesse de l'Abbaie de St. Pierre de Rheims, elle est morte âgée de soixante-deux ans et inhumée dans la cour des Martyrs le cinq^e jour du d. mois par Mgr l'Official de Paris, le curé de Montmartre présent [1].

(F)

Nous reproduisons ci-dessous le texte gravé sur la

[1] Extrait des *Registres paroissiaux de Montmartre*.

médaille faite à l'occasion de la pose de la première pierre de l'église de Notre-Dame de Clignancourt.

> CETTE.PREMIÈRE.PIERRE
> A.ÉTÉ.BENITE.PAR.Mgr.F.N.MORLOT.
> CARDINAL.ARCHEVÊQUE.DE.PARIS.LE.II.MAI
> MDCCCLIX.ET.POSÉE.PAR.LE.BARON.HAUSSMANN
> SÉNATEUR.PRÉFET.DE.LA.SEINE.S.EX.M.DELANGLE
> ÉTANT.MINISTRE.DE.L'INTÉRIEUR.S.EX.M.ROULAND.
> MINISTRE.DE.L'INSTRUCTION.PUBLIQUE.ET.DES.CULTES.
> BOITTELLE.PRÉFET.DE.POLICE.MERRUAU.SECRÉTAIRE.GÉN^{al}
> DE.LA.PRÉFECTURE.DE.LA.SEINE.LE.BARON.LEPIC.SOUS.PRÉFET
> DE.L'ARRONDISSEMENT.DE.S.DENIS.LE.BARON.MICHEL.DE
> TRÉTAIGNE.MAIRE.DE.LA.VILLE.DE.MONTMARTRE.RUSSEAU.CURÉ
> ACHILLE.LABAT.ET.LECUYER.ADJOINTS.ALBERT.BIGOT.BUFFET
> COURTOIS. FOREST. FOURNIER . HERICHÉ. HOULLIER
> LAMBERT . MALASSAGNE . MANTEAU . MARITON
> PHILLIPPE — ROYER — TÉXIER
> CONSEILLERS MUNICIPAUX
> DEMAY. SECRÉTAIRE.
> LEQUEUX. ARCHITECTE.
> DODIN. INSPECTEUR.
>
> MONTAGNY. F.

TABLE DES MATIÈRES.

Avertissement. V

Chapitre premier. — Étymologie du nom de Montmartre. — *Mons Mercurii, Mons Martis, Mons Martyrum*. — Antiquités romaines. — Temples païens. — Maison des bains, statues, etc. 1

Chapitre II. — Martyre de saint Denis et de ses compagnons à Montmartre. — Chapelle érigée sur le lieu du supplice. — Montmartre sous les deux premières races. — Siége de Paris par les Normands. — Ouragan de 944. — L'empereur Othon à Montmartre. 19

Chapitre III. — Églises de Montmartre. — Moines de Saint-Martin des Champs. — Les Bénédictines succèdent aux moines de Saint-Martin. — Fondation de l'Abbaye. — Donations de Louis le Gros. — Le pape Eugène III à Montmartre. — La reine Adélaïde inhumée dans le monastère. — Notice historique sur le couvent pendant les XIIe, XIIIe, XIVe, XVe et XVIe siècles. 31

Chapitre IV. — Marie de Beauvilliers, abbesse de Montmartre. — Son origine, son éducation. — Elle veut réformer l'abbaye ; résistance d'une grande partie des religieuses ; grâce à ses efforts persévérants, elle achève la réforme complète de son couvent. — Elle donne ses soins au temporel de l'abbaye ; réédification de la Chapelle du Martyre ; fondation d'un Prieuré sur Montmartre. — La Fronde. — La reine Anne d'Autriche établit la Confrérie de Saint-Denis. — Fondation de la Chapelle Sainte-Anne à la *Nouvelle France*, et de Notre-Dame de Lorette au quartier des *Porcherons*. — Maladie et mort de Marie de Beauvilliers. — Son épitaphe. 69

Chapitre V. — Administration de Mesdames Françoise-Renée de Lorraine, de Marie-Anne de Lorraine d'Harcourt, de Bellefond, de Rochechouart, de Latour-d'Auvergne et de Larochefoucauld. — Juridiction civile du monastère, *for aux dames*. — Louis XIV et Louis XV à Montmartre. — Siége de l'abbaye transporté au prieuré. — Construction d'un obélisque destiné à déterminer le méridien de l'Observatoire de Paris. 123

Chapitre VI. — Madame de Montmorency-Laval, dernière abbesse de Montmartre. — Construction des murs d'enceinte de la ville de Paris. Montmartre *intra* et *extra muros*. — Révolution française. — Recensement des biens de l'abbaye déclarés biens nationaux. — Suppression des Ordres religieux. — Expulsion des dames de Montmartre. — Madame de Montmorency est arrêtée. Le 6 thermidor elle meurt sur l'échafaud. — Restes de l'Abbaye : *Chœur des dames*. — Calvaire. 147

Chapitre VII. — Montmartre pendant la révolution. — Organisation de la municipalité. — Formation de la garde nationale. — Compagnie d'archers. — Notice biographique sur M. Desportes, premier maire de Montmartre. — Napoléon Ier à Montmartre. — Événements de 1814 et de 1815. — Montmartre est fortifié et défendu. — Patriotisme des habitants. — Indemnité accordée par Louis XVIII à la commune de Montmartre. 173

Chapitre VIII. — Le culte à Montmartre pendant la révolution. — Réouverture de l'église. — Principaux ecclésiastiques ayant appartenu à cette paroisse. — Fondation de la nouvelle église de Notre-Dame de Clignancourt. — Cimetières : personnages distingués inhumés à Montmartre. — Hôtel-de-Ville. — Octroi. — Asile de la Providence. — Asile des vieillards. — Écoles publiques, maisons d'éducation. — Fontaines ; service des eaux. — Moulins. — Annexion de Montmartre à Paris. — Chiffre de la population. . . 197

Chapitre IX. — Hameau de Clignancourt, opinion sur l'origine de ce nom. — Fief, seigneurs. — Chapelle de la Trinité. — Habitants notables. — Maison seigneuriale. . . 227

Appendice. 237

ERRATA.

Page 15, *à la note*, Dubreuj. . . . . . *lisez* : Du Breul.
— 21, *à la note*, 3e *ligne*, in-8°. . . *lisez* : in-4°.
— 22, *à la note*, Dubreul . . . . . *lisez* : Du Breul.
— 31, *ligne* 6, Vautien Payen . . . . *lisez* : Vautier Payen.
— 116, *à la note*, 1re *ligne*, après 1662 *mettez un* —.
— 196, *à la note*, 1re *ligne*, Prast . . *lisez* : Prost.

PARIS. — IMP. W. REMQUET, GOUPY ET Cie, RUE GARANCIÈRE.

www.ingramcontent.com/pod-product-compliance
Lightning Source LLC
Chambersburg PA
CBHW050339170426
43200CB00009BA/1655